D1859834

सिन्हा बन्धु

सिन्हा बन्धु

आशा सिंह

GenNext Publication

सिन्हा बन्धु

ISBN: 978-93-5663-020-8

भारत में सन् 2023 में प्रकाशित

जेन्नेकस्ट पब्लिकेशन

5, अंसारी रोड, दरियागंज,

नई दिल्ली-110002

ई-मेल: gennextpublication@hotmail.com

Phone : 011-47034999, 9811692060

मुद्रित: ज्ञान प्रेस, दिल्ली

श्रृद्धांजली

श्रीमती शरत कुमारी सिन्हा

विजय कुमार सिन्हा और राज कुमार सिन्हा
अपनी माता के साथ

अनुक्रमणिका

प्रस्तावना

आजादी का अमृत महोत्सवः
गुमनाम स्वतन्त्रता सैनानी राज कुमार सिन्हा–
विजय कुमार सिन्हा

भारत की गुलामी के इतिहास में सशस्त्र क्रांति के प्रयत्न सदैव होते रहे। देश के युवकों के मन में सदा से ही विदेशी दासता की मुक्ति के लिये हृदय में आग जलती रही।

भारत माता की आजादी के लिये वे अपने प्राणों की बलि चढ़ाने में भी नहीं पीछे रहे। पुलिस प्रशासन की कठोर यातनायें सहीं, पर एक पागलपन ही था कि वे वज्र की तरह कठोर रहे।

कानपुर, क्रांतिकारियों का गढ़ रहा। चन्द्रशेखर आजाद, भगत सिंह सबकी कार्य स्थली रही। गणेश शंकर विद्यार्थी जी हर प्रकार से सहायता करते। सिन्हा परिवार घोर राष्ट्रवादी था। दोनों पुत्रों राजकुमार और विजय कुमार ने अपने को स्वतंत्रता के युद्ध में झोंक दिया। माँ–बहन का पूरा सहयोग रहा।

बड़े भाई राजकुमार जी को काकोरी काण्ड और अनुज विजय कुमार जी को साण्डर्स काण्ड में सजा हुई। जिसे हँसकर स्वीकार किया, जीवन के बसन्त को मातृभूमि को अर्पित किया। मेरे मन में सदा ही वीरों के प्रति श्रृद्धा रही। कुछ श्रृद्धा के फूल इस पुस्तक के माध्यम से अर्पण कर रही हूँ। इस सफर की ज्वाला को प्रज्जवलित

करने के लिये हर वीर को नमन लिखना शुरू किया तो बहुत से नाम जुड़ते चले गये। क्योंकि सब हिन्दुस्तान समाजवादी प्रजातंत्र सेना के सैनिक थे।

बंगाल, क्रांति में अग्रणी रहा, इसी कारण चटगांव का जिक्र किया। व्यक्तिगत रुप से श्रीमती चित्रलेखा घोष (सुपुत्री राजकुमार सिन्हा) की आभारी हूँ जिन्होंने ये दुर्लभ बातें बतायीं।

श्री अम्बरीश मिश्र जी को भी धन्यवाद, जिन्होंने अपना सारा संग्रह सहर्ष दे दिया।

सन् 2022 को हमारा देश स्वतन्त्रता प्राप्ति के 75 वर्षों को ''आजादी का अमृत महोत्सव'' के रूप मे मना रहा है। एक ओर देश मे आई प्रगति को आँकने तथा सराहने का समय है, वहीं दूसरी ओर उन गुमनाम स्वतन्त्रता सेनानियों को खोजने तथा याद करने की भी आवश्यकता है, जिनके योगदानो को आज सभी भुला चुके हैं। इस आजादी के अमृत महोत्सव द्वारा उन स्वतन्त्रता सेनानियों को नई पीढ़ी के लिए जीवंत रखने का एक सुंदर अवसर दिया है, ईश्वर ने हमें।

श्री राज कुमार सिन्हा के संस्मरण लेखों को पाकर, जो सन् 1937 में ''सैनिक'' पत्रिका में प्रकाशित हुये थे, हमारा मन रोमांचित हो उठा था, तभी उसी के आधार पर स्वतंत्रता संग्राम के अंतरंग वर्णन को आज आदर भाव से यहां उतार पा रहें हैं। ऐसे गुमनाम स्वतंत्रता संग्राम के सिपाही, राज कुमार सिन्हा, विजय कुमार सिन्हा, माँ तथा उनके परिवार को श्रद्धा से बार–बार प्रणाम।

आशा सिंह

अम्बरीश मिश्रा

जेल के खम्बों पर उन महान वीरों की लिखी सूची को पढ़ते समय, कानपुर में अपने परम मित्र स्व. भास्कर सिन्हा के चाचा जी, श्री विजय कुमार सिन्हा का नाम देखते ही, मन वहीं अटक कर रह गया। वे ही एक मात्र ऐसे थे, जिनको तथा उनके परिवार को हमने देखा था, बातें की थी तथा उन लोगों को अन्तर्मन से छूकर देखने का सौभाग्य मिला था हमें। वह स्वाधीनता संग्राम की लहर का समय था, परिवार का हर सदस्य उस आजादी की लड़ाई में कूद पड़ता था, सिन्हा परिवार भी उन महान लोगों में से एक था। आज भले ही सब कुछ इतिहास में दबकर रह गया है, पर उस परिवार ने जो कुछ बलिदान दिया, वह कुछ पाने के लिये नहीं किया था, सिर्फ देते ही रहे हमेशा। आज उनको स्मरण करना, उनके प्रति आदर पूर्ण श्रद्धांजलि होगी।

कानपुर में अपनी डिफैन्स रिसर्च लैब की नौकरी के समय वर्ष 1974 के नवम्बर माह के एक दिन, माँ ने अपने पैन्शन के पेपर पर हमारे हस्ताक्षर द्वारा सत्यापित करने के लिये हमें घर बुलाया। माँ यानी महान स्वतन्त्रता सैनानी स्वर्गीय श्री राज कुमार सिन्हा की पत्नी और डिफैन्स रिसर्च लैब के हमारे घनिष्ठ साथी भास्कर सिन्हा की माँ, हम भी उन्हें माँ कहते थे। भास्कर के ही कारण हमारा घर में आना–जाना रहता था, और हम भी परिवार के एक सदस्य जैसे बन गये थे। हम आफिस की छुट्टी के बाद माल रोड़ पर स्थित उनके किराये के मकान की पहली मन्जिल पर सीधी सीढ़ियाँ चढ़कर पहुँचे। आँगन से लगे सामने के कमरे में माँ बैठी थी, देखते ही एक कागज को बढ़ाते हुई बोली,– ''अम्बरीश बेटा, इस कागज पर अपने साइन कर दो, हर साल यह सर्टीफिकेट पेन्शन पाने के लिये देना पड़ता है।''

सरकार के एक क्लास वन गेजेटेड आफीसर होने के नाते, हमने उस कागज पर सत्यापित किया, ''श्रीमती प्रकृति सिन्हा, पत्नी स्वर्गीय श्री राजकुमार सिन्हा अभी जीवित हैं तथा सेन बालिका

विधालय, कानपुर की पूर्व अध्यापिका होने के आधार पर मात्र 300 रु. पेन्शन पाने की हकदार हैं.....।'' उस कागज पर हमें इसके अलावा और कुछ भी सत्यापित नहीं करना था, यह भी नहीं कि इस माँ तथा इनके पति के बलिदानों का यह देश कितना ऋणी है।

आज कोई नहीं है, श्री विजय कुमार सिन्हा, श्री राज कुमर सिन्हा, माँ प्रकृति सिन्हा, और भास्कर सिन्हा, वे सभी अपने–अपने जीवन को साकार करते हुये गुमनाम इतिहस में विलीन हो गये। ईश्वर ने धरती के प्राणियों में सर्वश्रेष्ठ मनुष्य जाति का जीवन देकर जिस उदेश्य के लिये उन्हें भेजा था, उस पर वे सभी खरे उतरे और अपनी अलग से पहचान बनाई। कर्म में ही विश्वास किया हमेशा, फल पाने की दौड़ में पीछे नहीं भागे कभी। अंडमान के पोर्टब्लेयर सैल्युलर जेल–राष्ट्रीय स्मारक जैसे महातीर्थ में आयोजित लाइट तथा साउन्ड कार्यक्रम को देखते हुये, हर भारतीय ने उन महान क्रान्तिकारियों के स्वतंत्रता सग्राम में भुगती कठोर यातनाओं का वर्णन सुनकर, अवश्य ही अपनी आँखें नम करके उन्हें श्रद्धांजलि दी होगी, तथा हमारे इस लेख की तरह इतिहास में से और अन्य वैसे ही अनकहे बलिदानों को कुरेदने की कोशिश की होगी। आज "आजादी का अमृत महोत्सव'' के काल में हर भारतिय का कर्तव्य है कि उन सभी का आदर पूर्ण स्मरण करके श्रद्धा सुमन अर्पण करें।

– अम्बरीश मिश्रा

डिप्टी जनरल मैनेजर (रिटायर्ड)
इंडियन आयल कार्पोरेशन,
आर एन्ड़ डी सैंटर,
फरीदाबाद

नमन देश के वीर सपूतों को

वंदना बाजपेयी

वंदना जी देश की चर्चित साहित्यकार हैं। देश के अनेक समाचार पत्रों, पत्रिकाओं, वेब पत्रिकाओं में निरन्तर लेख, कहानी और समीक्षा का प्रकाशन किया है। इन्होंने कहानी संग्रह "विसर्जन" और "वो फोन काल" पाठकों द्वारा हाथों हाथ लिये गये। इस समय ये "अटूट बंधन" की संपादिका हैं।

"ऐ मेरे वतन के लोगों जरा आँख में भर पानी,
जो शहीद हुए हैं उनकी जरा याद करो कुर्बानी"

जब–जब भारत रत्न लता मंगेशकर जी का यह गीत हमारे कानों में पड़ता है, हममें से कौन होगा, भावों का दरिया जिसकी आँखों से ना बरस पड़ा हो। ये आजादी जिसका जश्न हम हर 15 अगस्त और

26 जनवरी को मना कर अपने कर्तव्य की इतिश्री कर लेते हैं। वो आजादी ऐसे ही तो नहीं मिल गई होगी ? कितनी कुर्बानियाँ दी होंगी हमारे देश के युवाओं ने, अपने जीवन की, अपने सपनों की, अपने परिवार के प्रति अपने कर्तव्यों की। कितनी माओं की कोख उजड़ी होगी, कितनी नव ब्याहताओं की चूड़ियाँ टूटी होंगी। ज्ञात नामों के बीच ऐसे असंख्य नाम हैं जिनके हम ऋणी हैं। आज जब हम आजादी के अमृत महोत्सव मना रहे हैं तो क्या हमारा कर्तव्य नहीं है कि हम अपने शहर के ऐसे गुमनाम क्रांतिकारियों, स्वतंत्रता संग्राम सेनानियों के जीवन के बारे में बात करें जिन्होंने अपना जीवन तो कुर्बान कर दिया पर गुजरते वक्त के साथ हम किसी अहसान फरामोश बेटे की तरह उनकी त्याग तपस्या और बलिदान को भूल गए।

"जिस तरह जड़ों से कटा वृक्ष बहुत ऊंचा नहीं उठ सकता।" उसी तरह समृद्धिशाली भविष्य की दास्तानें अतीत को बिसरा कर नहीं लिखी जा सकती। ऐसा ही एक गौरवशाली इतिहास उत्तर प्रदेश के औद्योगिक नगर कानपुर का रहा है। स्वतंत्रता संग्राम के इस यज्ञ में अपने युवाओं कि आहुति देने वाले उत्तर प्रदेश का कानपुर केंद्र था। कानपुर 1857 के स्वतंत्रता संग्राम (जिसे अंग्रेजों ने 'सिपाही–विद्रोह' या 'गदर' कहकर पुकारा) के प्रमुख स्थलों में से एक रहा है। नाना राव और तात्या टोपे के योगदान को भला कौन भूल सकता है। यहां का इतिहास कई तरह की कहानियों को खुद में समेटे हुए है। नानाराव पार्क भी इस इतिहास का गवाह है। वह अपने वीर सपूतों की कुर्बानी पर खून के आंसू रोया था। यहीं पर बरगद के पेड़ से चार जून 1857 को 133 क्रांतिकारियों को फांसी दी गई थी। तब से यह पेड़ न भुलाने वाली यादों को संजोए रहा और कुछ साल पहले ही जमींदोज हो गया।

भगत सिंह और चंद्रशेखर 'आजाद' जैसे वीर सपूतों की कानपुर कर्म भूमि रहा है। शहर ने भी इसे अपना अहोभाग्य माना और बड़े

सम्मान से कानपुर में इनकी मूर्तियाँ स्थापित की गई। इनके अतिरिक्त कानपुर में बड़ा चौराहे पर कोतवाली रोड़ के किनारे स्वतंत्रता संग्राम सेनानी डॉ. मुरारीलाल की प्रतिमा स्थापित है, जिन्होंने आजादी के लड़ाई में अपने प्राणों का उत्सर्ग किया था। कानपुर के डीएवी कॉलेज के अंदर क्रांतिकारी "शालिग्राम शुक्ल" की मूर्ति है। इस मूर्ति को वर्ष 1963 में स्थापित किया गया। "शालिग्राम शुक्ल" हिन्दुस्तान रिपब्लिकन आर्मी के कानपुर चीफ थे, और चंद्रशेखर आजाद के साथी थे। 1 दिसंबर, 1930 में अंग्रेजों के खिलाफ लड़ाई में वो चंद्रशेखर आजाद की रक्षा करने के दौरान, मात्र 19 वर्ष की आयु में, शहीद हो गये। ऐसे कई नाम हैं जो इतिहास के पन्नों में तो दर्ज हुए, पर भावी पीढ़ियों के मन में उनकी चमक धूमिल पड़ने लगी।

अपने देश और गौरव को सहेजने की चाह रखने वाले साहित्यकारों लेखकों को लगा कि इन्हें वर्तमान पीढ़ी से जोड़ना आवश्यक है क्योंकि वर्तमान ही अतीत और भविष्य के मध्य का सेतु है।

ये किताब एक ऐसे ही स्वतंत्रता संग्राम सेनानी की जीवन गाथा है... जिसकी माँ ने अपने एक नहीं दो–दो बेटों को भारत माँ की सेवा में सौंप दिया। जाहिर है एक बिसराये हुए इतिहास में, उजड़े हुए शब्द कोश में और विकास की बदली हुई परिभाषाओं में ये काम आसान नहीं था पर इसे करने का जिम्मा उठाया कानपुर की ही एक बेटी वरिष्ठ लेखिका "आशा सिंह" जी ने, उम्र के इस पड़ाव पर जब बहुओं को घर की चाभी सौंप कर महिलायें ग्रहस्थी के ताम–झाम से निकल दो पल सुकून की सांस लेना चाहती हैं तब आशा दी मॉल और मेट्रो की चमक से दमकते कानपुर की जमीन में दफन गौरवशाली इतिहास को खोजने शीत, घाम और वर्षा की परवाह किए बिना निरंतर इस श्रम साध्य उद्देश्य में जुटी हुई थीं। उनकी यात्रा की मैं साक्षी रही हूँ, चिंतित भी रही हूँ, पर आखिरकार उनका परिश्रम इस किताब के माध्यम से मूर्त रूप में सामने आया। यह किताब एक नमन

है, एक श्रद्धा का पुष्प है सिन्हा बंधु नाम से प्रसिद्ध कानपुर के स्वतंत्रता संग्राम सेनानियों को।

मुझे लगता है ऐसी किताबें और लिखी जानी चाहिए, पढ़ी जानी चाहिए, ताकि हम जान सकें कि जिस आजाद हवा में हम साँस ले रहे हैं, उसके लिए किसी ने अपने प्राणों की आहुति दी है। और हम अपने पूर्वजों की कृतघ्न संतानें नहीं हैं, जो उन्हें भूल कर आगे बढ़ जाये।

क्रांतिकारी इतिहास में सिन्हा परिवार

सुधीर विद्यार्थी

सुधीर जी ने 60 से अधिक पुस्तकें लिखी है। क्रांतिकारियों पर कई किताबें लिखी है। उनकी पुस्तक अशफाक उल्ला खां पर आधारित नाटक दूरदर्शन पर प्रसारित हुआ है। 'दुर्गा मामी' को कक्षा 11वीं की पुस्तक में सम्मिलित किया गया है।

भारतीय विप्लवी संग्राम में सिन्हा परिवार की उपस्थिति अत्यंत उल्लेखनीय है। यह बहुत गौरवमयी गाथा है जिसे समय के प्रवाह ने हमारी आँखों के सामने झीना हो जाने दिया। यह परिवार कानपुर का था जिसमें मार्कण्डेय दास के बड़े पुत्र राजकुमार सिन्हा को काकोरी केस (1925) में 10 वर्ष की सजा मिली तो उनके दूसरे बेटे विजय कुमार सिन्हा लाहौर षड्यंत्र केस (1929) में काला पानी की कैद के

हकदार हुए। कानपुर के इतिहास में इन दोनों विप्लवी भाईयों की चर्चा तो मिलती है लेकिन इस परिवार के सम्पूर्ण साम्राज्यवाद–विरोधी संघर्ष की कथा से हम प्रायः अपरिचित ही रहे आए हैं। सुलेखिका आशा सिंह की पुस्तक 'सिन्हा ब्रदर्स' हिन्दी की किताबी दुनिया में इस अभाव की पूर्ति करती है। सिन्हा परिवार से आशा जी का निकट का संबंध उनकी लेखनी को और भी विश्वसनीय बना देता है। कानपुर की ऐतिहासिक पृष्ठभूमि के साथ इस 'शहर के वे दिन इस पुस्तक में जीवंत हो उठे हैं, जिनमें मार्कण्डेय दास और उनकी पत्नी शरतकुमारी सिन्हा अपने परिवार में उस चेतना का संचार कर रहे थे जिसके मध्य इस घर के सदस्य देश के मुक्ति–संघर्ष में गहरे तक उतरते चले गए। नितांत कठिन जीवन स्थितियों के बीच भी राजकुमार सिन्हा और विजयकुमार सिन्हा के साथ उनकी बहन सुशीला घोष की सक्रियता हमें कमोवेश आश्चर्यचकित करती है जहां विदेशी सत्ता के दमन और उत्पीड़न से वहाँ कोई विचलित नहीं हुआ और न ही हारा। इस पुस्तक में सिन्हा परिवार का यह संघर्ष एक यादनामे के तौर पर भी दर्ज है। यही नहीं, बाद को सिन्हा परिवार की आज़ादी के बाद की कभी न थमने वाली लड़ाई में हिस्सेदारी के साथ आज़ादी मिलने के सपने को पूरा करने के पश्चात उन्हें जिन जीवन स्थितियों से गुजरना पड़ा, वह किसी तरह कम हैरतनाक नहीं है। इस दौर का राजू दा का कठिन जीवन संघर्ष हमें चकित करता है तो दूसरी ओर विजय दा की यात्रा हमें उन कृतियों से भी साक्षात्कार कराती है जिसके चलते 'अंडमान : एन इंडियन वास्तील' और 'न्यू मैन इन सोवियत यूनियन' की रचना संभव हो सकी। इन पुस्तकों को हम उनकी विचार सम्पदा का दीर्घ लेखा–जोखा भी कह सकते हैं। राजू दा से मेरी मुलाकात नहीं हो पाई लेकिन विजय दा का लंबा संग–साथ हमें वैसा कुछ दे गया जो उनके संपर्क के बिना संभव नहीं था। उनके लिखे दर्जनों पत्र आज मेरी अमूल्य निधि हैं।

आशा जी ने इस पुस्तक की जरूरी सामग्री और सूत्र जुटाने के लिए अत्यंत परिश्रमपूर्वक कार्य किया है। सिन्हा बंधुओं के परिवार के सदस्यों से उनकी निकटता ने इस क्रांति–कथा को और भी जीवंत तथा प्रामाणिक बना दिया है। मैं उनके द्वारा रची 'सिन्हा ब्रदर्स' की इबारत को क्रांतिकारी इतिहास की अपूर्व गौरव–गाथा मानता हूँ जिसके लिए उनका अभिनन्दन किया जाना चाहिए।

– पवन विहार

पो. रुहेलखण्ड विश्वविद्यालय,

बरेली–243006

मो–9760875491

महामना मदनमोहन मालवीय जी

कॉंग्रेस में होते हुए भी अन्तर्मन से क्रांतिकारियों के समर्थक

श्री गणेश शंकर विद्यार्थी

पत्रकार, स्वतंत्रता आंदोलन के कार्यकर्ता, क्रांतिकारियों के लिए तन मन धन से समर्पित

श्री सुभाष चन्द्र बोस

स्वाधीनता संग्राम के यज्ञ में प्रमुख भूमिका निभाने वाले, आजाद हिन्द फौज के संस्थापक, नेता जी का वरद हस्त सिन्हा परिवार पर था

कानपुर

कानपुर नगर की अलग संस्कृति है, उसे कनपुरिया ही कह सकते हैं। ज्यादा मिजाज गरम न हो जाये, इसलिये पवित्र गंगा और यमुना का जल शीतल करता है गर्मियों में तपन, जाड़े में सिहरन और वर्षा में कभी अतिवृष्टि कभी कम। कहा जाता है कि आर्यावर्त में भी कानपुर का अस्तित्व था। भगवान ब्रह्मा ने अपनी सृष्टि की रचना ब्रह्मावर्त (बिठूर) में समाप्त की थी। ध्रुव–टीला ध्रुव से जोड़ता है। यह भी कहा जाता है कि लक्ष्मण जी ने गर्भवती सीता को बिठूर में छोड़ा था। जहाँ महर्षि वाल्मीकि ने शरण दी और उनके जुड़वां पुत्रों लव–कुश को युद्ध कौशल की शिक्षा दी थी।

गंगा के किनारे जाजमऊ में राजा ययाति का किला था। राजा ययाति ने वार्धक्य से बचने के लिये अपने पुत्रों से यौवन की याचना की, केवल छोटे पुत्र ने दिया, अतः उसे ही सिंहासन दिया। बड़े पुत्र यदु को सिंहासन नहीं मिला उनके वंशज यदुवंशी थे।

मुगल साम्राज्य में कानपुर अवध प्रान्त में था जब नवाब कमजोर पड़े तब मराठा शक्ति का उदय हुआ। उसके बाद एक नयी विदेशी शक्ति समुद्र के रास्ते आयी, उसने नवाब शुजाउद्दौला और मराठा मल्हार राव को सन् 1765 में हरा दिया।

1801 में अवध के नवाब ने ईस्ट इंडिया कम्पनी को पूरा कानपुर दे दिया। 24 मार्च, 1803 को कानपुर को जिला घोषित किया गया, 1818 तक ईस्ट इंडिया कम्पनी ने पूरे भारत पर अधिकार कर लिया था। मराठा हार गये और पेशवा बाजीराव द्वितीय को पुणे से बिठूर भेज दिया गया। उनकी पेंशन निर्धारित की गई, उनके साथ बहुत से मराठा परिवार भी आ गये। 1857 में कानपुर इंडियन आर्मी का हेडक्वाटर था, ब्रिटिश आर्मी आफिसर 174 थे और शेष 750 सिविल ब्रिटिशर थे जिनमें महिलायें और बच्चे भी थे। जनरल कमाण्डर मेजर जनरल व्हीलर था, कलेक्टर सी. जी. हिलर्सडन थे।

अंदर ही अंदर भारतीयों में आक्रोश उमड़ रहा था योजना बन चुकी थी, पर मेरठ में जल्दी ही विद्रोह प्रारम्भ हो गया। 4 जून को कानपुर सुलग उठा। नाना साहेब को अपना राजा घोषित कर दिया। युद्ध शुरू हो गया, व्हीलर ने समर्पण कर दिया। 40 नावें सत्तीचौरा घाट पर लायी गयीं और उसमें ब्रिटिश महिलायें और बच्चे सवार हो गये पर बनारस से आये विद्रोहियों ने इन पर गोलाबारी शुरू कर दी। नाना साहब फौरन आये 125 लोगों को बचाया, नाना साहब का पूरे

कानपुर पर अधिकार हो गया। पर 17 जुलाई, 1857 को ब्रिटिश ने फिर से कानपुर पर अधिकार कर लिया। युद्ध में हार जीत चलती रही, तात्याँ टोपे ने भीषण युद्ध किया, पर तीन तरफ से ब्रिटिश सैनिकों ने हमला किया टोप ग्रान्ट विजयी होकर बिठूर पहुँचा और नाना साहब के महल को जला दिया, जिसमें उनकी बहन मैना भी जलकर मर गई।

राजकुमार जी अपने घर से पैदल बिठूर चले जाते थे घंटों नाना जी की मूर्ति देखते रहते थे वतन पर मरने–मिटने वालों से प्रेरणा लेते थे। क्रांतिकारियों का उद्देश्य किसी की हत्या करना नहीं था, डकैती भी केवल असल्हा एकत्रित करने के लिये डाली थी। वीर सावरकर की किताब से, '1857 की सशस्त्र क्रांति' से प्रेरणा लेकर भारतीय फौज को जाग्रत करना चाहते थे। उन्हें पता था कि छुटपुट गोली से इतना बड़ा देश स्वाधीन नहीं हो सकता, जब तक सेना न साथ में हो। नाना जी ने सेना को साथ लिया, मेरठ में सैनिकों ने विद्रोह किया, बहुत दिनों तक युद्ध चला पर अंग्रेजों की कूटनीति के आगे परास्त हो गये। इसी कारण ब्रिटिश सरकार ने इस पुस्तक को प्रतिबंधित कर दिया था। उनका उद्देश्य सैनिकों में विद्रोह फैलाना था। जनता में जाग्रति सदा संघर्ष से आती है।

नाना साहब

नाना जी का जला हुआ किला

रानी लक्ष्मीबाई

कराचीखाना (मार्कण्डेय भवन)

कानपुर के माल रोड़ पर मार्कण्डेय भवन था, इसी भवन में वीर जननी शरतकुमारी सिन्हा अपने दोनों पुत्रों को देश के महान क्रांतिकारी बना सकीं। कानपुर इस बात को भूल चुका है, बड़े पुत्र राजकुमार सिन्हा को काकोरी काण्ड में 10 वर्ष की सजा हुई थी।

छोटे भाई विजय को साण्डर्स काण्ड में काला पानी की सजा सुनाई गई, दोनों भाई अनशन पर थे, एक युवा क्रांतिकारी शिव कुमार मिश्र के रोने पर माँ ने डॉटते हुए फटकार लगाई – क्रांतिकारी

मार्कण्डेय भवन

रोते नहीं, मेरे दो शेर पुत्र हैं जो जेल में अनशन पर हैं, फिर भी मैं साहस से खड़ी हूँ। राजकुमार की बड़ी बहन सुशीला घोष की क्रांतिकारी संग्राम में भागीदारी रही। लाहौर काण्ड के फांसियों के बाद सुशीला घोष ने, क्रांतिकारी भगत सिंह, राजगुरू, सुखदेव का पता मार्कण्डेय भवन था।

राजू पहले बंगला स्कूल बाद में क्राइस्टचर्च कॉलेज गये। क्रांतिकारी गतिविधियों में न लिप्त हो सकें, इसलिए पिता ने उन्हें बी.,च.यू. वाराणसी भेज दिया। उन्होंने बी.एस.सी. में प्रवेश लिया। उनको अखबार तथा पुस्तकों से बहुत प्रेम था, जो अंतिम समय तक बना रहा। वहाँ क्रांतिकारियों का साथ मिला। उन्होंने बंगला में निबंध लिखा 'राष्ट्रीय आंदोलन और छात्रों का कर्तव्य' उसे छात्र परिषद के अधिवेशन में पढ़ा था। बनारस से उनके कमरे से दो राइफल दरोगा का झब्बा और पगड़ी पुलिस ने जबरदस्ती बरामद की, इसी आधार पर उन्हें मैनपुरी मामले के लिए गिरफ्तार किया गया। उन्हें लखनऊ जेल में रखा गया, उन पर दबाव डाला गया कि वे कबूल कर लें पर राजकुमार ने स्वीकार नहीं किया। जेल जीवन में रूसी, जर्मन और चीनी भाषायें सीख लीं। बाहर आकर कांग्रेस में सदस्य बन गये नेता जी सुभाष के फारवर्ड ब्लाक में शामिल हो गये।

काशी में श्री योगेश चटर्जी ने उन्हें क्रांतिकारी दल का सदस्य बनाया। उन्होंने दिल्ली की कॉग्रेस में भी भाग लिया था। राजेन्द्र नाथ लाहिड़ी के अनुरोध से उन्होंने 'भारत के राष्ट्रीय आंदोलन और छात्रों का कर्त्तव्य' बंगला निबन्ध लिखा। इसे विद्यार्थियों की परिषद में पढ़ा। लोगों ने करतल ध्वनि से स्वागत किया। बाद यही निबन्ध पुलिस ने अदालत में पेश किया, जिसे राजद्रोहात्मक बताया गया। ऐसे छात्रों पर महामना का वरद हस्त था।

रूस, चीन कम्युनिस्ट देशों के प्रशंसक रहे जीवनभर गरीब और शोषित जनता के पक्षधर रहे। उन्होंने वारान्निकोव रूसी प्रशिक्षण

केन्द्र भी खोला था। 18 दिसम्बर, 1972 को राजकुमार जी की मृत्यु के बाद पत्नी किसी प्रकार कम पेंशन में जीवन यापन करती रहीं।

राजकुमार सिन्हा अपने परिवार व अपने प्रिय वाहन के साथ

सिन्हा परिवार

सिन्हा, कायस्थ थे। वे माधव राम सिन्हा के वंशज थे। वे लोग सिंरि (सिंह) कहे जाते थे, जो बाद में सिन्हा हो गया। श्री वल्लभ सिन्हा, माधव राम सिन्हा के पुत्र, दत्तपुकुर, जिला 24 परगना, बंगाल में रहते थे। इनका विवाह घोष परिवार जमींदार के यहाँ हुआ था। राजा किशन चन्द ने सिन्हा परिवार को बिना लगान वाली भूमि प्रदान की गई थी। यह परिवार 'अमीन सिन्हा' के नाम से प्रसिद्ध है।

श्री वल्लभ दास के तीन पुत्र थे – शिवदास सिन्हा, रुद्रदास सिन्हा और महादेव दास सिन्हा। रुद्रदास सिन्हा के पौत्र लक्षीन्द्र नाथ सिन्हा थे। उनके पुत्र काशीनाथ सिन्हा के पौत्र मारकंद दास सिन्हा थे उनके पिता गुरुदास सिन्हा थे। इस परिवार ने दत्तपुकुर में मंदिर और घाटों का निर्माण करवाया था।

श्री मार्कण्डेय दास सिन्हा, दत्तपुकुर, 24 परगना, बंगाल से कानपुर 1880 में आ गये थे। उस समय कानपुर प्रसिद्ध औद्योगिक नगर था श्री मार्कण्डेय दास ने अपनी जायदाद अपने भांजे चारुचन्द्र घोष को दे दी, क्योंकि उनका लौटने का विचार न था।

कानपुर में वे 'एलाइंस एडवरटाइजमेंट' में काम करने लगे। हर बंगाली के तरह बड़े मिष्ठान और कला प्रेमी थे। बेहद ही सरल चित्त के पुरुष जो अपने परिवार के बारे में सोचा करते।

उनकी धर्मपत्नी श्री शरत कुमारी बोस का जन्म 1877 में हुआ था। उनका परिवार मध्य प्रदेश में रहता था। उस समय सेन्ट्रल प्राविंस कहा जाता था। पहले के युगानुसार 9 वर्ष की आयु में ही दुल्हन बनकर सिन्हा परिवार में आयीं। कानपुर को ही अपना घर मान लिया। अपनी मृत्यु पर्यन्त सन् 1952 तक वहीं रहीं।

उन्होंने कोई स्कूली शिक्षा नहीं पायी थी, किन्तु स्वाध्याय से स्वयं को शिक्षित किया। उन्होंने 'नारी पंच' जिसमें बंगला लेख एवम् कविताओं का संग्रह है। यह 'बंगाली' 'इंडियन मिरर', 'अमृत बाजार पत्रिका' और 'हिन्दू देश भक्त' पर समय–समय पर प्रकाशित हुई थी। 'इंडियन मिरर' 1913 में लिखता है कि 'एक रूढ़िवादी वाले परिवार की महिला के इतने स्त्री शिक्षा के लिये उच्च विचार हैं।' आनंद बाजार पत्रिका ने पुस्तक की प्रशंसा में दिखा कि हर स्त्री को पढ़ना चाहिए कैसे अपने धर्म का पालन करें। उन्होंने गीता का भी सरल बंगला भाषा में अनुवाद किया था, पर पैसे के कमी के कारण प्रकाशित नहीं हो सकी।

बहुत ही धार्मिक प्रवृत्ति की महिला थीं, रोज नंगे पैर गंगा स्नान को जाती थीं और गंगा जल लाकर घर में प्रतिष्ठित मूर्तियों का अभिषेक करती थीं। उनकी मृत्यु के उपरान्त भी प्रथा चालू रही। वे अत्यन्त दुखी थीं, पुत्र से कहा कि मेरे जाने के बाद मूर्तियों को गंगा में प्रवाहित कर देना पर राजकुमार जी ने कहा, **'माँ'** जैसे तुम पूजा करती थीं मैं भी करूँगा।' **माँ** के मरने उपरान्त उनके तकिये के नीचे से दाह संस्कार के लिये रखे रुपये मिले, किसी पर बोझ नहीं डालना चाहती थीं। उनके मंदिर में शिव जी, गणेश जी और लक्ष्मी जी विराजमान थे, रोज अभिषेक कर पूजा करती थीं, चूँकि **मार्कण्डेय** जी की पहली पत्नी का निधन हो गया था सो उन्हें भी ससम्मान आसन देती थीं।

1925 में उनके पति मार्कण्डेय दास की हृदयाघात से मृत्यु हो गई। उनके पुत्र राजकुमार काकोरी काण्ड के अभियुक्त बनाये गये थे। जबकि वे शामिल नहीं थे, पर उनके कमरे से दरोगा का झब्बा, टोपी तथा रिवाल्वर पुलिस ने बरामद किया, उनके बंगला निबन्ध 'राष्ट्रीय आंदोलन और छात्रों का कर्त्तव्य' भी पुलिस की आँख में चुभ गया था।

ध्यान देने योग्य बात है कि पूरे सिन्हा परिवार के नाम में 'दास' शब्द प्रयोग किया गया। राजकुमार जी ने इसका विरोध किया, हम 'दास' नहीं हैं। दोनों भाईयों ने 'दास' शब्द अपने नाम में नहीं लगाया – राजकुमार सिन्हा और विजय कुमार सिन्हा।

राजकुमार सिन्हा

विजय कुमार सिन्हा

जब वे जेल में थे पिता श्री मार्कण्डेय दास चुपचाप अपने बरामदे में बैठकर आकाश की ओर देखा करते। भगवान से प्रार्थना करते आने–जाने वाले उन्हें दया की दृष्टि से देखते। बेचारे का पुत्र जेल में है। किस कारण जेल गया यह बात मोटी बुद्धि में नहीं आती। काकोरी काण्ड को अंजाम केवल दस बांकुरों ने दिया था, पर पकड़े गये चालीस क्रांतिकारी, आये दिन फांसी की सजा सुनाई जा रही थी कुछ सज्जन पिता से बोले – शायद अब राजू का नम्बर आ जायेगा। वह भी फांसी से नहीं बच सकेगा। पिता सिर झुकाये घर के अंदर चले गये। पता नहीं क्यों लोगों को पर पीड़ा में आनंद आता है। शायद सजा हो भी जाती पर महात्मा गांधी ने चार फांसियों के बाद लार्ड से रोकने को कहा – अन्यथा देश में विद्रोह हो जाएगा वैसे भी जनता में काकोरी काण्ड के मुकद्दमें के कारण आक्रोश फैल रहा था। राजकुमार जी को दस वर्ष की सख्त सजा सुनाई गई, पर वे टूटे नहीं, न तो मुखबिर बने या कोई दया याचना दायर की।

एक बार जेल में बहुत परेशान थे। बुरे–बुरे ख्याल आ रहे थे उधर कानपुर में उनके पिता की अर्थी सजायी जा रही थी, राजकुमार को सब स्नेह से 'राजू बाबू' पुकारते थे। बड़े पुत्र पर पिता का अत्यन्त स्नेह रहता है, छोटे पर माँ का। अपने बेटे को हथकड़ियों, बेड़ियों में साधारण कैदियों की तरह पुलिस को ले जाते देख वे टूट गये थे। चोरी–डकैती के लिये नहीं बल्कि देश के लिये बलिदान देने वाले पुत्र के पिता की वेदना असह्य थी।

22 दिसम्बर, 1925 का मनहूस दिन था विजय केवल 16 वर्ष के थे, बड़े भाई जेल में। सारा बंग समाज 'श्राद्ध आयोजन' के लिये कह रहा था घर में धन नहीं था जब भद्र लोग समझा रहे थे कि यह श्राद्ध करना क्यों आवश्यक है? यह माता–पिता के लिये करना कर्तव्य है। मृत्यु ईश्वर के चरणों में ले जाती है। जो लोग शमशान तक साथ जाते हैं उन्हें तीन दिन बाद भोज दिया जाता है। दसवें दिन श्राद्ध

क्रिया सम्पन्न होती है, नये वस्त्र धारण किये जाते हैं। मृतक की कोई भी इच्छा अपूर्ण न रह गयी हो, अतः भोज निरामिश दिया जाता है।

तेरह दिनों बाद पूरे ग्राम समाज को भोज दिया जाता है जिसमें निरामिश और सामिश दोनों प्रकार के व्यंजन बनते हैं। ब्राह्मणों को मृतक के पसन्द की चीजें और आवश्यक सामग्री – यथा धोती, कुर्ता, शाल, छाता इत्यादि दिये जाते हैं।

पिता को 'पोस्ता भजिया' पसंद था सो बहुत मंहगी भजिया बनवायी गयी। अब धारणा है कि खाने वाले मन से आर्शीवाद दें, एक भी व्यक्ति तृप्त होकर जाता है तो अवधारणा है कि मृतक की आत्मा तृप्त हो गयी। अपने परिवार को आशीर्वाद दे रही हैं। विजय ने लिखा, मैं इन सब प्रथाओं के विरोध में था, पर **माँ** जो परदे के पीछे थीं, अपने बड़ों से सहमत दिखीं। तेरहवीं करने के लिये मकान को गिरवी रखकर पैसा जुटाया गया। 16 वर्ष के विजय पर आर्थिक संकट आ गया।

सिन्हा परिवार द्वितीय

मार्कण्डेय दास की प्रथम सन्तान आशा लता थीं उनका विवाह डॉ. मित्र के साथ हुआ था पहले वह कटक, उड़ीसा में थे बाद में कानपुर आ गये। उनके चार सन्तानें, एक पुत्री व तीन पुत्र। सबसे बड़े पुत्र प्रफुल्ल चन्द्र मित्र, कानपुर म्युनिसिपल कारपोरेशन में उच्च अधिकारी थे। द्वितीय पुत्र प्रबोध चन्द्र बड़े उच्च कोटि के विद्वान थे उन्होंने कोलम्बिया विश्वविद्यालय से डाक्टर की उपाधि प्राप्त की, स्वतंत्रता से पूर्व वे यू.,न. में स्टेटिस्टीकल अधिकारी थे बाद में लन्दन चले गये जहाँ पर वे उद्योग विभाग में निदेशक थे। बाद में सऊदी अरब के यू.,न. सलाहकार द्वारा नियुक्त किये गये। 1974 में अवकाश प्राप्त किया उन्होंने संन्यास ले लिया। उनका सन्यासी नाम विशुद्ध आनंद रखा गया। उन्होंने जैन धर्म, बौध धर्म और उपनिषदों का

गहन अध्ययन किया। उन्होंने विवाह नहीं किया था मृत्यु के उपरान्त समस्त धन रामकृष्ण मिशन को अर्पित कर दिया। सबसे छोटा भाई छत से गिर गया था उसके मस्तिष्क पर चोट लगी थी सो मानसिक रुप से अस्वस्थ रहा। सिन्हा परिवार की दूसरी बेटी सुशीला का विवाह लावण्यमय घोष, बेहद खूबसूरत और मिलनसार व्यक्ति थे। जो कराची स्थित फिलिप्स कंपनी में अधिकारी थे। 1947 के विभाजन के बाद परिवार अपना सब कुछ छोड़कर लखनऊ आ गये। उनको छः सन्तानें हुई। उनका बेटा प्रदीप जर्मनी में सायमन्स ग्रुप में काम करने लगे और वहीं बस गये। दूसरा बेटा तुषार फिलिप्स कंपनी लखनऊ में कार्यरत थे। ज्योतिमर्य व्यापारी है और सबसे छोटे निहार एक पेपर में काम करते थे।

दोनों बेटियाँ जूथिका और लतिका का विवाह अच्छे घरों में सम्पन्न हुआ। जूथिका के पति मिलन कुमार दत्त जर्मन फर्म में कार्य करते थे, लतिका के पति सिद्धेश्वर सिन्हा एफ.सी.आई. में कार्यरत थे।

बहन सुशीला अपने भाईयों को बहुत प्यार करती थीं। जब उन्हें पेपरों से पता चला कि अनशन के कारण विजय की हालत गंभीर है किसी समय मृत्यु को सकती है, उन्होंने आत्महत्या की कोशिश की। उस समय उनके पास शहीद भगत सिंह की दी हुई गुड़िया थी। उनके पति ने किसी प्रकार उन्हें बचाया।

भगत सिंह और विजय कुमार परम मित्र थे। सुशीला जी ने क्रांतिकारियों के लिये फण्ड एकत्रित करना शुरू कर दिया। वे भगत सिंह के पिता सरदार किशन सिंह से बराबर पत्र व्यवहार करती थीं और भी क्रांतिकारियों के सम्पर्क में थीं। अपने परिवार की भी भरसक सहायता करती थीं। कभी–कभी

तो अपने गहने भी बेंच देती थीं। दोनों भाई अपनी बहन को बहुत आदर देते थे, एक–दूसरे से पत्र व्यवहार में भी दीदी सुशीला के लिये चिंता करते थे। राजकुमार ने लिखा – बहन ने हम दोनों भाईयों के लिये दारुण दुख भोगा। वह बहुत कमजोर हो गई थीं।

उन्होंने सोचा था कि 1937, जब जार्ज पंचम का राज्याभिषेक होगा, विजय को अण्डमान से मुक्ति मिल जाएगी पर ऐसा नहीं हुआ। लिहाजा उनके मस्तिष्क पर बहुत बड़ा आघात लगा। राजकुमार सिन्हा परिवार के तीसरे बच्चे और बड़े बेटे थे। 1906 में उनका जन्म हुआ। बचपन से ही वे क्रांतिकारी विचारधारा के थे देश की दासता पर बहुत दुखी रहते थे इसी कारण उन्होंने अपने नाम से 'दास' शब्द हटा दिया।

पिता ने बी.एससी. की शिक्षा हेतु उन्हें कानपुर से हटा दिया उन्हें बनारस विश्वविद्यालय बी.एच.यू. भेज दिया गया, ताकि वह कानपुर के अपने क्रांतिकारी मित्रों से दूर रहें, पर इसका उलट हुआ। वहाँ जाकर वे स्वतंत्र हो गये, महामना मदन मोहन मालवीय का आशीर्वाद लिया। महामना क्रांतिकारियों के प्रति सम्मान तथा प्रेम रखते थे। उनकी सहानुभूति इन युवाओं के साथ थी। वहीं से शचीन्द्र नाथ सान्याल के सम्पर्क में आये।

वे विजय मधोक के मित्र थे, जो क्रांतिकारी गतिविधियों में लिप्त थे, उसके पास रिवाल्वर था। वे इंजीनियरिंग छात्र थे, बहुत सारा विपल्वी साहित्य उनके पास था। राजकुमार सिन्हा का शानदार व्यक्तित्व था लम्बा कद और बेहद खूबसूरत युवक थे। एक बार ट्रेन के दूसरे दरजे में कुछ सामान लेकर सफर कर रहे थे अचानक कुछ अंग्रेज सिपाही आ गये। उन्होंने कुछ कहना चाहा पर सिन्हा ने दहाड़कर शटअप करा दिया। सिपाहियों को लगा कोई बड़े अधिकारी हैं, लिहाजा चुप होकर बैठ गये। सिन्हा अपनी गन रखे शान्त भाव से बैठे रहे अपना स्टेशन आने पर शान से उतर गये। चेहरे पर भय की रेखा भी न उभरी।

वे खाना बनाने के बड़े शौकीन थे, दोनों भाईयों को बंगालियों की तरह गाने का बहुत शौक था भगवान ने स्वर भी अच्छा दिया था। जब भी किसी क्रांतिकारी को सजा सुनाई जाती राजकुमार जी अपने साथियों के साथ भोज बनवाते रातभर देश प्रेम के गीत गाये जाते। जेलर और वार्डेन चकित होते थे आखिर किस मिट्टी के ये युवा बने हैं।

वे लोग हमेशा शहीद राम प्रसाद बिस्मिल का गीत–

"सरफरोशी की तमन्ना अब हमारे दिल में है,
देखना है जोर कितना बाजु, कातिल में है।"

बंगला गीत–

'एक बार विदाई दे माँ'

काकोरी काण्ड का मुकदमा डेढ़ साल चला। इस बीच राजकुमार ने रशियन, जर्मन और फ्रेंच भाषाओं पर अधिकार प्राप्त कर लिया। 1936 में जब वे जेल से छूटे तब अनुज विजय के रिहाई के लिये गांधीजी से निवेदन किया, गांधीजी का उत्तर था, 'जब तुम लोग शांतिदूत बन जाओगे।'

जब विजय जेल से बाहर आये, तब प्रकृति घोष के साथ राजकुमार का विवाह 17 नवम्बर, 1939 को हुआ। वे एक संभ्रांत परिवार की पुत्री थीं। पिता कलकत्ता के जाने–माने वकील थे। जब बालिकायें शिक्षा से वंचित रखी जाती थीं परन्तु प्रकृति कॉलेज जाती थीं। देखने वाले छींटाकशी करते – देखो जूता पहन कर जा रही है। मेम साब बन गयी हैं।

वे लोग धपधपी, 24 – परगना, कलकत्ता के निवासी थे। राजकुमार जी ने साफ शब्दों में कह दिया कि मेरा एक पैर जेल में और एक पैर बाहर रहता है। परिवार वाले स्वयं देश भक्त थे। प्रकृति की भाभी

सुनीति स्वयं एक क्रांतिकारी महिला थीं अपनी मित्र शांति के साथ मिलकर लार्ड पर गोली चलाई थी।

सुनीति कुमारी चौधरी ने भारत में 14 वर्ष की अल्पायु में अपनी सखी शांति के साथ एक अत्याचारी ब्रिटिश मजिस्ट्रेट को गोली मार दी। 24 दिसम्बर, 1931 को घटना घटी। सुनीति उस समय प्रसिद्ध दीपाली संघ की सदस्या थीं। उनका जन्म 22 मई, 1917 को मिल्ला (अब बंगला देश) में हुअ था। उनकी मृत्यु 12 जनवरी, 1988 को हुई थी। सुनीति और शांति 16 वर्ष की थीं वे एक अर्जी लेकर स्टीवंस मैजिस्ट्रेट के ऑफिस में गईं। जब स्टीवंस अर्जी पर विचार कर रहा था, दोनों ने स्वचालित पिस्तौल चलाकर मार डाला। लड़कियों को हिरासत में ले लिया गया, नाबालिग होने के कारण 10 वर्ष की जेल की सजा सुनाई गई। परिवार को बड़ी मुसीबतों का सामना करना पड़ा, पिता की पेंशन रोक दी गई। गांधीजी और ब्रिटिश अधिकारियों में वार्ता हुई दोनों को 7 वर्ष बाद 1939 में रिहा कर दिया गया।

सुनीति कुमारी चौधरी एवं शांति घोष

बायें से—जवाहरलाल नेहरू, सीताराम, लक्ष्मीकान्त, सुनीति घोष
राजकुमार सिन्हा एक समारोह में।

श्री एवं श्रीमती क्षेत्रनाथ घोष

क्षेत्रनाथ घोष जी ने सुनीति का लालन–पालन किया, डाक्टरी की शिक्षा दिलवाई। अपनी रिहाई के बाद सुनीति ने एम.बी.बी.एस. की पढ़ाई की और डाक्टर बन गईं। 1947 में चौधरी का विवाह ट्रेड यूनियन नेता प्रद्योत कुमार घोष से हुआ। प्रद्योत कुमार घोष की बहन प्रकृति थीं।

इस परिवार के सबसे छोटे बेटे का नाम विजय कुमार सिन्हा था। उन्होंने भी अपने अग्रेंज की भांति 'दास' उपनाम अपने नाम में नहीं जोड़ा। उनका जन्म 17 जनवरी 1909 में हुआ था। विजय जब 14 वर्ष के थे, उनके पिता का स्वर्गवास हुआ, बड़े भाई राजकुमार काकोरी काण्ड के कारण जेल की सलाखों के पीछे थे जिससे विजय पर आर्थिक भार आ गया।

राजकुमार और विजय की प्राथमिक पाठशाला बंगला स्कूल में हुई। प्राथमिक पाठशाला को डॉ0 शचीन्द्र घोष ने प्रारम्भ किया था। इनके पुत्र अजय कुमार घोष विजय के साथ लाहौर षडयंत्र में हिरासत में लिये गये। मैट्रिक की परीक्षा 1923 में पास की और इंटर की शिक्षा के लिये क्राइस्टचर्च कालेज, कानपुर में दाखिला लिया।

14 वर्ष की उम्र से ही क्रांति का पाठ पढ़ लिया। उनके मित्र बटुकेश्वर दत्त (असेम्बली काण्ड) अंग्रेजों के निरंकुश व्यवहार से दुखी थे उस समय कानपुर की माल रोड पर काले हिन्दुस्तानियों का आना मना था। यह भेदभाव इन बच्चों को पीड़ा देता था। हमारा ही देश, हमारी सड़क और हम ही नहीं चल सकते। कितनी बड़ी दासता कि बेड़ी हमारे पैरों में बंधी है।

अजय, विजय और बटुकेश्वर दत्त शचीन्द्र नाथ सान्याल के क्रांतिकारी परचे बांटते थे। इन किशोरों को रिक्रूट (प्रति शिक्षार्थी) कहा जाता था। इन्हें इतिहास, राजनीतिशास्त्र और अर्थशास्त्र का ज्ञान कराया जाता था। श्री सुरेन्द्र नाथ भट्टाचार्य इनके प्रशिक्षक थे जो बाद में 'प्रताप' के संपादक बने। माँ बहुत धार्मिक प्रवृत्ति की

महिला थीं। सो हर बंगाली परिवार की तरह दुर्गापूजा बहुत धूमधाम से मनाई जाती नये–नये वस्त्र मिठाइयाँ पकवान बनाये जाते। प्रीतिभोज दिये जाते।

एक बार विजय अपने मित्रों के साथ पंगत में बैठे, कुछ लोगों ने विरोध किया – अरे तुम तो सिन्हा (कायस्थ) हो? विजय बहुत दुखी हुए, एक सज्जन ने समझाया कि प्रथम पंक्ति ब्राह्मणों के लिए निर्धारित है। इस छुआ–छूत से किशोर विजय विचलित हो गये, वे 'रामकृष्ण मिशन' में जाने लगे, कण्ठ बहुत सुरीला था सो भजन गाने में सबसे आगे रहते।

धीरे–धीरे इन लोगों ने कानपुर में भी ब्रांच खोली पहले एक छोटे कमरे में थी अब विशालकाय भवन में स्थित है। उनकी शचीन्द्रनाथ सान्याल से भेंट हुई जो राम बिहारी बोस के दाहिने हाथ थे। 'सचिन दा' ने उन्हें शहीद कन्हाई लाल की कहानी पढ़कर सुनाई सब द्रवित हो गये। जब विजय क्राइस्टचर्च कॉलेज में थे उनके जीजा श्री लावण्यमय घोष ने रूसा इंजीनियरिंग वर्क्स (फिलिप्स लैम्प) की डिस्ट्रीब्यूटरशिप ले ली। विजय भी मार्केटिंग वितरक एजेंट का काम करने लगे। घर जो चलाना था, उन्हें झूठ बोलने से बड़ी चिढ़ थी।

1925 पर जब भाई राजकुमार गिरफ्तार हो गये तब मकान गिरवी रखकर पिता का श्राद्ध कर्म किया गया। रूसा की डिस्ट्री–ब्यूटरशिप भी खत्म हो गई घर में मामूली किराया आता था। इस समय वे हिन्दुस्तान सेना दल के कार्यकर्ता बन गये और अमर शहीद गणेश शंकर विद्यार्थी के सम्पर्क में आए। धीरे–धीरे पत्रकारिता के क्षेत्र में आ गये। वे 'इंडियन डेली टेलीग्राफ', 'टाइम्स ऑफ इंडिया', 'यूनाइटेड प्रेस' और 'स्टेटमैन' जैसे पत्रों के लिए लिखने लगे। उन्हें 500/– प्रति मास की आय होने लगी वे कुछ घर खर्च के लिये देकर बाकी रकम दल को दे देते थे। जब साइमन कमीशन 1928 में कानपुर आया, तब विजय ने उस घटना का वर्णन किया था।

काकोरी काण्ड

क्रांतिकारी प्रायः आर्थिक स्थिति से विपन्न युवक थे। इसके लिये वे विदेशी शासन को जिम्मेदार समझते थे। इस समय क्रांतिकारियों ने छात्रवृत्ति या ट्यूशन से थोड़े बहुत पैसे कमाकर काम चलाया। कानपुर में विजय पत्रकार के रुप में अच्छी कमाई कर रहे थे, थोड़े पैसे घर के खर्च के लिये रखकर शेष दल के कार्य में दे देते थे।

काकोरी के क्रांतिकारियों को छुड़ाने की कई योजनायें बनायी गयीं, पर निष्फल रहीं। काकोरी काण्ड के अभियुक्तों को छुड़ाने के लिय जयचन्द्र जी ने लाहौर से भगत सिंह, सुखदेव को भेजा था, यह योजना सफल न हो सकी, पर युक्तप्रान्त (उत्तर प्रदेश) के लोगों का सम्पर्क बन गया। जोगेश चन्द्र चटर्जी (काकोरी काण्ड) फतेहगढ़ जेल में थे, उन्हें छुड़ाने के लिये शिव और विजय फतेहगढ़ गये, पर फतेहगढ़ में कुछ और गुल खिल चुका था, एक चाटुकार कैदी ने वार्डेन जो चटर्जी का सहायक था, शिकायत कर दी – इसने जोगेश चन्द्र को पिस्तौल लाकर दी है। जेल के अधिकारी सशंकित हो उठे। इसी समय विजय और शिव ने मुलाकात की अर्जी दी। चटर्जी से भेंट भी नहीं हुई और ये दोनों पुलिस की नजरों में आ गये।

फतेहगढ़ स्टेशन पर इन दोनों ने अपने को पुलिस से घिरा पाया, इनके टिकट नं. और गंतव्य नोट कर लिये गये। दोनों को संदेह हो गया कि बीच स्टेशन पर ही हमें गिरफ्तार कर लिया जायेगा। फतेहगढ़ के अगले स्टेशन पर शिव नीचे कूद गया। उसके पीछे

सिपाही भी कूदा पर चुटहिल हो गया। अगले स्टेशन पर विजय भी कूद गये उनके पीछे कोई सिपाही नहीं कूदा। वे कूदकर भाग तो गये पर फतेहगढ़ से आई पुलिस ने इन्हें कानपुर में पहचान लिया। इन लोगों के नाम गिरफ्तारी के वारंट जारी किये गये। दोनों फरार हो गये भगत सिंह, सुखदेव, विजय और शिव वर्मा के प्रयत्नों से उत्तर भारत के सभी प्रांतों के क्रांतिकारियों की बैठक 9 सितम्बर, 1920 को फिरोजाबाद किले के खण्डहरों में हुई थी। इसमें पंजाब से सुखदेव, भगत सिंह, राजपूताना से कुंदन लाल, संयुक्त प्रान्त (उत्तर प्रदेश) से शिव वर्मा, ब्रह्मदत्त मिश्र, जयदेव कपूर, विजय कुमार सिन्हा, सुरेन्द्र नाथ पाण्डेय, बिहार से फणीन्द्र नाथ घोष और मनमोहन बनर्जी आये थे। इस बैठक में विजय कुमार सिन्हा और भगत सिंह पद अंतरप्रान्तीय सम्बन्ध बनाने का उत्तरदायित्व दिया गया।

9 अगस्त, 1925 को क्रांतिकारियों ने ट्रेन में डकैती डाली थी। इससे क्रांतिकारियों के प्रति देश का नजरिया बदल गया। लखनऊ में उ. प्र. सरकार ने काकोरी काण्ड का नाम बदल कर 'काकोरी ट्रेन एक्शन डे' कर दिया।

राम प्रसाद बिस्मिल, राजेन्द्रनाथ, लाहीड़ी, रोशन सिंह, अशफाक उल्ला खाँ को फांसी, शचीन्द्र नाथ सान्याल को काले पानी, मन्मथनाथ गुप्त को 14 साल, योगेश चन्द्र चटर्जी, मुकुंदी लाल, गोविन्द चरण, राजकुमार सिन्हा, रामकृष्ण खत्री को 10–10 साल की सजा, विष्णु शरण दुब्लिश, सुरेश चन्द्र भट्टाचार्य को 7 साल, भूपेन्द्र नाथ, रामदुलारी त्रिवेदी और प्रेम किशन खन्ना को 5 साल की सजा। जिन चार क्रांतिकारियों को फॉसी की सजा सुनाई गई, उनके लिए मदन मोहन मालवीय जी ने अभियान शुरू किया, भारत के वॉयसराय एडवर्ड फ्रेडरिक के पास याचिका भी भेजी।

उस युग में सभी क्रांतिकारियों का जीवन योग साधना था। वे विवेकानन्द, अरविन्द घोष और लोकमान्य तिलक की कृतियाँ पढ़ा

करते थे। असहयोग आंदोलन ठंडा पड़ गया, चौरी–चौरा की घटना के बाद गांधी जी ने आंदोलन बन्द कर दिया, देश में निराशा की लहर दौड़ गई विशेषकर नवयुवकों में, जब यह आंदोलन वापस लिया गया, तो क्रांतिकारी फिर से संगठित होने लगे।

उत्तर भारत में शचीन्द्र नाथ सान्याल के नेतृत्व में क्रांतिकारी दल खड़ा हो गया। राम प्रसाद विस्मिल, अशफाक उल्ला, प्रेम कृष्ण

काकोरी–काण्ड के बन्दियों की शैक्षणिक योग्यता

(29 अक्टूबर 1927 को प्रस्तुत वक्तव्य)

	बन्दी व्यक्ति का नाम	शैक्षणिक योग्यता–जहाँ तक सरकार इसकी पुष्टि कर पाई है।
1.	राम प्रसाद बिस्मिल	– कक्षा 9 तक पढ़े है।
2.	राजेन्द्र नाथ लाहिड़ी	– बनारस विश्व–विद्यालय में एम.ए. के पांचवें वर्ष के छात्र।
3.	रोशन सिंह	– वनक्यिूलर मिडिल क्लास परीक्षा।
4.	राम दुलारे त्रिवेदी	– तदैव
5.	जोगेश चन्द्र चटर्जी	– मैट्रिक तक पढ़े हैं।
6.	गोविन्द चरण कर	– ढाका कालेजियट स्कूल में 'बी' अन्तिम परीक्षा उत्तीर्ण किया।
7.	बनवारी लाल	– कक्षा 9 तक पढ़े हैं।
8.	शचीन्द्र नाथ सान्याल	– कला की पहली परीक्षा उत्तीर्ण की।
9.	भूपेन्द्र नाथ सान्याल	– इलाहाबाद विश्व–विद्यालय के बी.एस.सी. के छात्र।
10.	मन्मथ नाथ गुप्त	– बी.ए. द्वितीय वर्ष के छात्र।
11.	विष्णु शरण दुबलिश	– बी.ए. तृतीय वर्ष तक अध्ययन किया।
12.	राम नाथ पाण्डेय	– बनारस हिन्दू विश्वविद्यालय के छात्र।
13.	प्रेम कृष्ण खन्ना	– मैट्रिक परीक्षा उत्तीर्ण की है।
14.	राम कृष्ण खत्री	– उदासीन संस्कृत विद्यालय बनारस के छात्र।
15.	सुरेश कुमार भट्टाचार्य	– बनारस हिन्दू विश्वविद्यालय में प्रथम वर्ष तक पढ़े।
16.	राज कुमार भट्टाचार्य	– बनारस हिन्दू विश्वविद्यालय में प्रथम वर्ष तक पढ़े।
17.	मुकन्दी लाल	– कोई परीक्षा नहीं।
18.	पूर्णवेश कुमार चटर्जी	– काशी विद्यापीठ के छात्र।

(1) Jogesh Chander Chatterji, (2) Prem Krishan Khanna, (3) Mukandi Lal, (4) Vishnu Sharan Dublish, (5) Suresh Chander Bhattachariya, (6) Ram Krishan Khatri, (7) Manmath Nath Gupat, (8) Raj Kumar Sinha, (9) Roshan Singh, (10) Ram Prasad Bismil, (11) Rajindra Nath Lahiri, (12) Gobind Charankar, (13) Ram Dulare Trivedi, (14) Ram Nath Pandey, (15) Sachinder Nath Sanyal, (16) Bhupinder Nath Sanyal, and (17) Pranvesh Chander Chatterji.

Revolutionary Rajindernath Lehri

Revolutionary Ashfaq Ullah Khan

Revolutionary Ram Prasad Bismil

Revolutionary Roshan Singh

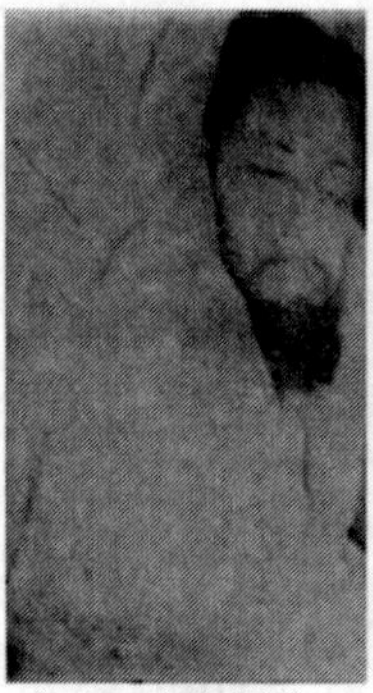

Revolutionary Ashfaq Ullah Khan

Revolutionary Ram Prasad Bismil

Revolutionary Roshan Singh

Kakori Case Revolutionaries after execution

खन्ना, ठा. रोशन सिंह, राजकुमार सिन्हा सब शरीक हो गये। दल के कार्य के लिए धन की आवश्यकता थी सो डकैती का सहारा लिया गया।

धन, अस्त्र–शस्त्र खरीदने, परचे छापने और छिपने वाले स्थान पर भोजन, निवास के लिए चाहिए था। दल का नाम 'हिन्दुस्तान रिपब्लिकन एसोसिएशन' रखा गया, दल के अन्य नेता सुरेश चन्द्र भट्टाचार्य, दामोदर स्वरूप सेठ, राजेन्द्रनाथ लाहिडी दुब्लिश थे। दल की केन्द्रीय परिषद थी जो निर्णय लेता था, गाँव में डकैती डालना कई सदस्यों को रुचिकर नहीं था। रूस और इंग्लैण्ड के क्रांतिकारी भी डकैती से धन एकत्रित करते थे। राम प्रसाद जी ने सोचा कि यदि लूटना ही है तो सरकारी खजाने को लूटा जाये। यद्यपि अशफाक उल्ला ने विरोध किया था कि दल बिखर जायेगा, यह बुद्धिमत्ता की आवाज थी, जो दब गई। जब उनकी नहीं सुनी गई तो वे जोर–शोर से इस काम में सम्मिलित हो गये।

गाड़ी में बैठे लोगों को लगा कि 40–50 लोगों ने घेर लिया है पर केवल दस युवकों ने इस काम को अंजाम दिया। अधिकतर 20–22 वर्ष के थे। जो लोग काकोरी काण्ड में शामिल थे। राम प्रसाद, अशफाक उल्ला, राजेन्द्र लाहिड़ी, चन्द्रशेखर आजाद, मुकुन्दलाल, केशव चक्रवर्ती, मुरारी लाल, बनवारी लाल, मन्मथनाथ गुप्त आदि।

चेन खींचकर गाड़ी रोक दी गई, सारे यात्रियों को डब्बे में रहने का आदेश दिया। खजाने का संदूक नीचे उतार लिया गया, संदूक तोड़ने में जब सब असफल रहे तब अशफाक ने अपनी पिस्तौल एक साथी को देकर घन चलाना शुरू कर दिया। सारे थैले निकालकर चादर में बाँध लिये गये, एक चादर हड़बड़ी में छूट गई। मन्मथनाथ गुप्त जो अशफाक की पिस्तौल ताने थे उनसे गोली चल गई, एक यात्री को लग गयी जो डब्बे से उतर गया था। उसका प्राणांत हो गया जीवन भर मम्मथनाथ इस दुख से न उबर सके।

चादर के निशान से पुलिस धोबी तक पहुँची, फिर क्या था, क्रांतिकारियों की धर–पकड़ शुरू हो गयी। डकैती में केवल दस लोगों ने भाग लिया था, पर 26 दिसम्बर, 1925 को पूरे उत्तर भारत में गिरफ्तारियाँ हुईं, चालीस लोग गिरफ्तार हुए। मुख्य गिरफ्तारियाँ शाहजहाँपुर, कानपुर, बनारस और इलाहाबाद से हुई।

शाहजहॉपुर का बनवारी लाल टूट गया, मुखबिर बन गया। अंग्रेज सरकार ने सी. आई. डी. इंस्पेक्टर हार्टन की अध्यक्षता में कमेटी बनाई। 26 सितम्बर को राम प्रसाद, रोशन और 40 लोगों को बंदी बनाया। अशफाक उल्ला एक साल बाद गिरफ्तार हुए, रोशन सिंह काकोरी काण्ड में नहीं थे, बस बमरौली काण्ड के कारण फॉसी दी गई।

बिस्मिल – तुम्हें आजाद चाहिए, वह मिलने से रहा हमें आजादी चाहिए। हम लेकर रहेंगे।

बिस्मिल – लोग भूल जायेंगे अफसाने को, अमेरिकन क्रांति से प्रेरणा लेकर क्रांति शुरू की गयी।

हिन्दुस्तान रिपब्लिक एसोसिएशन –ए.चआर.ए (काकोरी काण्ड)

क्रांतिकारी आंदोलन –

प्रथम 1905 से 1915 तक

द्वितीय 1925 से 1946 तक

काकोरी काण्ड का मुकदमा दो वर्ष तक चला। राजकुमार सिन्हा को 10 वर्ष का कठोर कारावास मिला। मुकदमा चलने के दौरान अभियुक्तों ने 16 दिन का अनशन किया, उनका कहना था कि वे राजनीतिक कैदी हैं उनके साथ गोरे कैदियों जैसा व्यवहार होना चाहिए समाचार पत्र पढ़ने की सुविधा मिलनी चाहिए। अनशन में विजय तो मिली पर सरकारी कूटनीति के कारण बड़ी जीत नहीं, सुविधायें मेडिकल ग्राउण्ड पर दी गईं, बाद में हटा ली गईं। परन्तु हवालात के इस अनशन से लड़ाई बहुत आगे बढ़ी, क्रांतिकारियों का

अनशन नींबू–पानी पीकर रहने वाला अनशन नहीं था वे अपने शरीर को घोर कष्ट देते थे। सरकारी डाक्टर जबरिया नली के सहारे नाक से द्रव्य अंदर पहुँचाते थे तब बहुत घोर कष्ट होता था। इसकी पूर्णाहूति अनशन से शहीद हुए यतीन्द्रनाथ ने दी।

1936 में वे जेल से छूटे, उन्होंने गांधीजी को अपने अनुज विजय सिन्हा की रिहाई के लिये पत्र लिखा, गांधी जी ने उत्तर दिया, 'मेरे हृदय में तब तक शांति नहीं होगी जब तक एक भी कैदी अंदर है' तुम लोग शांति के लिये प्रयास करो।

इन्हें सरकार अपराधी मानती थी।

जब काकोरी काण्ड समाप्त हुआ फाँसियाँ दी जा चुकी थीं। लोग जेल की यातना सह रहे थे। मणीन्द्र का हृदय प्रतिशोध से जल रहा था दिसम्बर, 1927 में फाँसी हुई थी और जनवरी, 1928 को मणीन्द्र ने सुपरिटेंडेंट बनर्जी पर दो गोलियाँ चलाते हुए कहा, यह लो लाहिड़ी को फाँसी पर चढ़ाने का पुरस्कार। मणीन्द्र के पिता बहुत बड़े डाक्टर थे, पितामह डिप्टी मैजिस्ट्रेट द्वारा उन्हें दस वर्ष की सजा हुई, फतेहगढ़ सेन्ट्रल भेज दिया गया। कानपुर के रमेश चन्द्र गुप्त ने मुखबिर वीरभद्र तिवारी पर गोली चलाई उसे भी दस वर्ष की सजा हुई पर उससे साधारण कैदियों की भाँति चक्की चलवायी जाती थी। लिहाजा यशपाल मणीन्द्र ने अनशन प्रारम्भ कर दिया। मणीन्द्र की हालत बहुत खराब हो गयी थी, इसलिए अनशन स्थगित किया गया। उन्हें अस्पताल भेजा गया, पर हालत बिगड़ती गयी। अन्त

समय में मन्मथ नाथ गुप्त तथा यशपाल साथ थे। 20 जून, 1934 को उनका देहान्त हो गया। काकोरी काण्ड का यह भी सदस्य शहीद हुआ।

राजकुमार सिन्हा को दस वर्ष का कठोर दण्ड मिला, इस बीच उनके पिता मार्कण्डेय दास का भी निधन हो गया अपने पिता के अंतिम दर्शनों से वंचित पुत्र ने किस प्रकार यह असहनीय पीड़ा सही होगी, हम कल्पना भी नहीं कर सकते। दस वर्ष का कारावास एक कठोर दण्ड था पर ह्रदय पर पत्थर रखकर उन्होंने सहन कर लिया। राजकुमार विलक्षण प्रतिभा के धनी थे उन्होंने अपने बौद्धिक क्षमता का उपयोग करते हुए जेल में ही रूसी, चीनी, जर्मन और हिन्दी भाषायें सीखीं। इसके लिये उन्हें कई बार अनशन करना पड़ा पर विजयी हुए। एक बार जेल में बंद दोनों भाई अनशन पर थे अवस्था गिरती जा रही थी। परिचित एक युवक शिव कुमार मिश्र माँ के पास पहुँचकर रोने लगा। माँ ने फटकारा, 'कैसा क्रांतिकारी है' जो रोता है, मैं दो बाघों की माँ हूँ। मेरे दोनों बेटे जेल में अनशन कर रहे हैं फिर भी मैंने धैर्य नहीं खोया, देखो मैं खुश हूँ कि मेरे बेटे देश के लिये संघर्ष कर रहे हैं। माँ के साथ बड़ी बहन सुशीला देवी थीं, उन्हें अपने भाईयों पर बड़ा गर्व था।

6 अप्रैल, 1927 को काकोरी काण्ड के अभियुक्तों को सजा सुनाई गईं लाहिड़ी ने कहा, 'दुनियाछा जैनो बदल गैलो', यह नाटक का रंगमंच नहीं था ऐसे व्यक्ति ने कहा जो मुस्कुराते हुए मृत्यु की ओर अग्रसर था। 17 दिसम्बर, 1927 को उनको फाँसी हुई। 14 दिसम्बर को पत्र लिखा – 'मृत्यु तो स्वाभाविक अवस्था है जैसे सूर्योदय और सूर्यास्त।' यदि यह सच है तो इतिहास एक दिन करवट लेगा और हमारा बलिदान व्यर्थ न जायेगा, नमस्कार।

रेल डकैती के पश्चात् सरकार बहुत सचेत हो गई, उन लोगों ने सोच लिया कि यदि क्रांतिकारियों को पनपने दिया, तो वे पूरे ब्रिटिश

साम्राज्य को छिन्न–भिन्न कर डालेंगे, यह चिंगारी दावानल बन जायेगी जिसमें बना बनाया साम्राज्य जल जायेगा। लिहाजा ताबड़तोड़ गिरफ्तारी शुरू की गई। क्रांतिकारी संभल न पायें सबसे पहले बिस्मिल की गिरफ्तारी हुई। बहुत से लोग मुखबिर बन गये। केवल दस क्रांतिकारियों ने डकैती में हिस्सा लिया, पर सरकार ने 40 क्रांतिकारियों को गिरफ्तार किया।

चन्द्रशेखर आजाद गिरफ्तार नहीं किये जा सके। बिस्मिल जी ने कहा – वह आजाद है, आजाद ही रहेगा, रही आजादी वह तो हम लेकर रहेंगे। मुकदमा 18 महीने चला, पं0 बिस्मिल, राजेन्द्र, अशफाक उल्ला और रोशन सिंह को फॉसी की सजा सुनाई गई। रोशन सिंह विस्मिल जी के मित्र थे। 1892 में जन्म हुआ। बचपन से साहसी थे, शरीर बलिष्ठ था। 1923 को शचीन्द्र सान्याल रोशन सिंह से मिले। जिद्दी युवक जिसे ब्रिटिश एम्पायर ने बिना वजह फाँसी पर चढ़ा दिया। जो पहले फाँसी चढ़ेगा, वह सबसे बड़ा माँ भारती का पुत्र होगा। केवल केशव चक्रवर्ती से शक्ल मिलती थी। गोण्डा जेल में दो दिन पहले दिनांक 19 दिसम्बर, 1927 को रोशन, अशफाक, बिस्मिल का जब फैसला सुनाया जा रहा था। तब रोशन सिंह समझे कि उन्हें

फाँसी नहीं हुई सो और गुस्से में अनाप–शनाप बोलने लगे। जब पता चला कि उन्हें भी फाँसी की सजा हुई वह फौरन अपने मित्र बिस्मिल से लिपट गये – तुमने सोचा कि तुम अकेले चले जाओगे।

1925 में राजकुमार सिन्हा का भी नाम काकोरी काण्ड में आया, पहले उनका नाम नहीं था पर शहीद राजेन्द्र लाहिड़ी के घर की तलाशी में कुछ कागजात मिले उससे राजकुमार जी का नाम प्रकाश मे आया। 30 अक्टूबर को बनारस में उनके कमरे की तलाशी शुरू हुई उस समय राजकुमार जी वहाँ नहीं थे, अस्वस्थ होने के कारण अपने घर मार्कण्डेय निवास कानपुर में थे। तलाशी में एक विंचेस्टर राइफल, एक शेरवुड राइफल तथा एक पुलिस दरोगा का झब्बा और पगड़ी मिली। पगड़ी के सम्बन्ध में सरकारी वकील जगत नारायण मुल्ला ने कहा– संभवतः इसी पगड़ी से क्रांतिकारियों ने पुलिस को चकमा दिया, या फिर आगे भी धोखा देने का विचार कर रहे हैं।

पुलिस आनन–फानन में मार्कण्डेय निवास पहुँची और बीमार राजकुमार को ले गयी। अपने बड़े पुत्र को हथकड़ी–बेड़ी में जकड़ा देखकर पिता एकदम टूट गये, वे क्रांतिकारी थे। देश के लिये जेल जा रहे थे पर पुलिस अमानवीय तरीके से जैसे डाकू ले जाये जाते हैं, राजकुमार जी को घसीटते हुए ले जाते हैं। उनके परिवार के सिवाय किसी ने 'भारत माता की जय' का नारा नहीं लगाया, सब अपने घरों में दुबके रहे।

गिरफ्तारी के बाद सिन्हा कुछ दिनों तक कानपुर जेल में रहे। उन्हें बहुत यातनायें दी गईं, दबाव बनाया गया कि वे सब बातें स्वीकार कर लें, मुखबिर बन जायें। राजकुमार की अपनी जन्मदात्री माँ के वीर और साहसी पुत्र थे. भारत माता के इस लाल ने अभिन्न कष्ट सके, पर वे अडिग रहे। क्षमा याचना नहीं की। 5 दिसम्बर को उन्हें लखनऊ जेल भेज दिया गया। पिता राजू की गिरफ्तारी के कारण टूट गये थे और मुहल्ले वाले सहानुभूति के बहाने विष बाण

चलाते – 'शायद राजू को फाँसी हो जाये।' जिस पिता का सिर गर्व से ऊँचा उठना चाहिए था, वह सिर झुकाये इन विष बाणों से छलनी होकर हृदयाघात के कारण चले गये। भीष्म पितामह की तरह दक्षिणायन की प्रतीक्षा नहीं की। तेरहवीं के लिये मार्कण्डेय निवास 4000/– में गिरवी रख दिया गया।

जब 14 साल की उम्र में बच्चे खेलते–कूदते परन्तु विजय पर पारिवारिक जिम्मेदारी आ गयी। बड़े भाई राजकुमार सिन्हा जेल में, पिता की मृत्यु से उन्हें वक्त ने समय से पहले समझदार बना दिया। जनवरी 1927 से उन्होंने पत्रकारिता प्रारम्भ की। दोनों भाई स्कूल–कॉलेज में होनहार छात्र थे। इतनी कम उम्र में वे 'यूनाइटेड प्रेस', 'पायोनियर टाईम्स ऑफ इण्डिया' के संवाददाता के रुप में कार्यरत थे। उनकी आय अच्छी होने लगी 500 प्रतिमास कुछ घर के खर्चे के लिये रखकर शेष दल को दे देते थे। उन्होंने सम्पूर्ण भारत के सारे क्रांतिकारी दलों को एक होकर संगठित करने का सुझाव दिया, जिसे चन्द्रशेखर आजाद और भगत सिंह ने अनुमोदन किया।

विजय स्वयं बिहार, राजस्थान, पंजाब और बम्बई के क्रांतिकारियों को जोड़ने के लिये निकल पड़े। बंगाल को छोड़कर सारे क्रांतिकारी 'हिन्दुस्तान सोशलिस्ट रिपब्लिक एसोसिएशन' में सम्मिलित हुए। दिनांक 8, 9 सितम्बर 1928 को दिल्ली के फिरोजशाह कोटला में सभा हुई। कामरेड रामचन्द्र, भगत सिंह, भगवती चरण बोहरा, सुखदेव एवं प्रधानाचार्य छबील दास ने 'नौजवान भारत सभा' बनाई थी। इनके विचार से विजय कुमार सिन्हा अन्य क्रांतिकारियों के संग हिन्दुस्तान सोशलिस्ट रिपब्लिक एसोसिएशन बनाने में एक स्तम्भ थे। सुखदेव और विजय पार्टी में सबसे ज्यादा विचारक माने जाते थे। विजय परचे का मजूमन लिखते थे जो वितरित किये जाते थे।

पहली भूख हड़ताल से जेल कर्मचारी डर गये, फोर्स फीडिंग की गयी, इससे महावीर सिंह मोइत्रा की इस वजह से मृत्यु हो गयी।

दोबारा पुनः अनशन पर आ गये तब गांधी और टैगोर के आग्रह पर खत्म किया गया।

1939 में सबको रिहा कर उन्हें मातृभूमि ले जाया गया। वर्ष 2000 से स्वतंत्रता की ज्योति बराबर जल रही है। यदि आप स्वतंत्रता सेनानियों की वीरता को देखना चाहते हैं तो इस जेल को अवश्य देखने आएं।

श्री यतीन्द्र नाथ दास बम बनाना जानते थे (जिनकी अनशन से मृत्यु हुई) आगरे में बम का मसाला तैयार करने के लिये दो कमरे किराये पर लिये गये। श्री दास ने वहाँ आकर शिव वर्मा, विजय कुमार सिन्हा, सुखदेव, डॉ0 गया प्रसाद, सदाशिव राव और ललित मुखर्जी बम बनाना सीख रहे थे। आगरे को इसलिये चुना गया क्योंकि जोगेश चन्द्र चटर्जी आगरा जेल में थे। दो योजनाओं पर काम हो रहा था, एक लाला लाजपतराय की मृत्यु का बदला लेना और जोगेश चंद्र को जेल से छुड़ाना। विजय विश्वनाथ को आगरा ले आए। यह सब लोग एक घर में ठहरे अचानक विजय से एक व्यक्ति मुँह ढंक कर मिलने आया उससे बात करने के उपरान्त विजय ने कहा– पुलिस की निगाह हम पर है, फौरन घर छोड़ देना चाहिए। आनन–फानन में कमरा खाली कर दिया गया, रात होटल के एक कमरे में काटी।

दूसरे दिन कमरा खोजने लगे। नूरी मंजिल में एक कमरा मिला। दरवाजा तो था पर खिड़कियों पर कपाट नहीं थे, ठण्ड में सिहरन होती, पर इसके सिवाय दूसरा चारा न था। मकान मालिक को सबने कहा– हम विद्यार्थी हैं और अग्रवाल हैं। मकान मालिक ने पूछा कौन से अग्रवाल, हम सूर्यवंशी हैं। लड़कों ने कहा– हम लोग भी सूर्यवंशी हैं। विद्यार्थी के मकान मालिक की दूध की दुकान थी और माता जी की आटे की। दोनों ये लोग वहीं से लेते। मकान मालकिन ने कहा और भी किरायेदार बहू–बेटी वाले हैं, कोई शिकायत नहीं होनी चाहिए।

क्रांतिकारी सदा अपना कमरा बंद रखते। कोई शिकायत का मौका नहीं दिया। माता जी इनकी प्रशंसा करते न थकतीं। एक मजेदार बात भी हुई, सुखदेव इस मकान मालिक द्वारा कमरा न दिऐ जाने पर दुखी थे। उनसे माता जी ने पूछा– 'घर वाली है क्या?' हम छड़ड़ों को मकान नहीं देते। मना कर दिया विजय (बच्चू) और सुखदेव (विलेजर) खूब हँसी मजाक चलता था। विजय ने चिढ़ाया– तुम देखने में ही गुण्डा मवाली लगते हो। कोई शरीफ तुम्हें कैसे कमरे देगा, जबकि पड़ोस में बहू–बेटियाँ हों। सुखदेव– हाँ, हाँ, तुम बड़े शरीफ हो, वह तो बच्चन छोटा है। इसलिये माता जी ने विद्यार्थी समझकर मकान दे दिया।

इस मकान में भगत सिंह, सुखदेव, राजगुरु, शिववर्मा, जयदेव, आजाद, भगवानदास, सदाशिव और फणीन्द्र रह चुके थे। बाद में फणीन्द्र मुखबिर बन गया, इस मकान के बारे में बता दिया। मकान मालिक को गवाह बनाकर पुलिस शिनाख्त के लिये ले गयी पर उन्होंने किसी को नहीं पहचाना (वास्तव में पहचान कर इंकार किया)।

इस दमनचक्र में क्रांतिकारियों के लिये इतनी सहानुभूति भी अनमोल थी। बाद में विजय अपनी पत्नी के साथ उन्हें धन्यवाद देने भी गये थे।

साण्डर्स काण्ड

सर जॉन साइमन का जगह–जगह विरोध हुआ यहाँ तक कि 'जिन्ना' ने भी कहा– 'जलियाँवाला बाग' ने हमारे शरीर की हत्या की, पर साइमन कमीशन तो आत्मा छलनी करने के लिये आया है। कनपुरियों ने तो अपने अंदाज में विरोध किया, पतंगें उड़ाईं गईं। सब पर 'साइमन गो बैक' लिखा था इस ढंग से पेंच लगाकर काटी गई कि पूरा मैदान पतंगों से भर गया। साइमन कमीशन का विरोध करने

वालों पर पुलिस की लाठियाँ बेरहमी से बरसने लगीं। पं. नेहरू को तो हल्की चोट लगी पर पं. गोविन्द वल्लभ पंत को जीवन भर पीड़ा देने वाली चोट लगी।

लाला लाजपतराय पर तो इतने भीषण प्रहार हुए कि उनकी मृत्यु हो गयी पूरे देश में हाहाकार मच गया। काकोरी काण्ड के पश्चात सिन्हा परिवार पुलिस की नजरों में खटकने लगा, हमेशा चौकन्नी निगाहें पहरा देतीं। विजय से गणेश शंकर विद्यार्थी जी ने कहा कि अब तुम फरार हो जाओ। उन पर ईनाम रखा गया– 'जिंदा या मुर्दा पकड़ लाओ'।

लाला लाजपत राय के देहान्त हुए एक महीना भी नहीं बीता था क्रांतिकारियों का (साण्डर्स वध) खून बदला लेने के लिये उबलने लगा। भगत सिंह ने सुझाव दिया कि इस राष्ट्रीय अपमान का बदला अवश्य लिया जाये। पहले लाहौर षडयंत्र के मुखबिर जय गोपाल के कारण भ्रम फैला था कि स्काट को मारने की योजना थी, पर भूल से सार्ण्डस को गोली मार दी।

सत्य तो यह था कि लाला जी पर लाठी चलाने का आदेश तो स्काट ने दिया, पर लाठी से भीषण प्रहार साण्डर्स ने किये थे, वह स्वयं लाठी लेकर लाला जी पर पिल पड़ा। हि.स.प्र.स. को किसी के प्रति पक्षपात न था दरअसल दोनों को गोली मारना था। कई दिनों तक दोनों की रेकी की गई। साण्डर्स कभी गोलबागए कभी टाउनहाल की सड़क से गुजरता था पर मोटर साईकिल खड़े करने का स्थान नियत था। स्काट लाहौर से बाहर था इसलिए चूक का सवाल नहीं था। 17 दिसम्बर 1928 को जब गोपाल यह देखने गया कि साण्डर्स ऑफिस में है या नहीं।

राजगुरू को साईकिल चलाना नहीं आता था सो वे धीरे–धीरे टहलते हुए घटना स्थल पर पहुँचे। आजाद और भगत सिंह साईकिलों पर आये। आजाद ने योजना बनाकर विजय सिन्हा और भगवान दास

माहौर को दूसरी टीम में रखा था, यदि भगत सिंह का निशाना चूक जाये तब यह टीम आगे बढ़ती।

प्रोग्राम था कि पहले भगत सिंह राजगुरू गोली चलायेंगे। जय गोपाल साईकिल ठीक करने के बहाने वहाँ रुका था उसी को इशारा करना था। आजाद स्वयं माउजर लिये थे। भगत सिंह और राजगुरु को गोली मारने के बाद डी.ए.वी. छात्रावास में जाकर छुप जायेंगे। आजाद ने निश्चय किया था यदि पुलिस के जवान भगत सिंह का पीछा करेंगे, तब वे गोली चलाकर रोकेंगे और दोनों को निरापद निकल जाने देंगे।

साण्डर्स अपनी मोटर साईकिल स्टार्ट करने लगा, जय गोपाल के इशारे से दोनों ने गोली दाग दी। राजगुरु के अनुसार 'सब अच्छी–अच्छी पिस्तौल लिये थे, मुझको पिटपिटिया दी गई मैंने तो छाती का निशाना लिया, गोली सिर में लगी।' साण्डर्स मोटर साईकिल से गिर गया, चीख निकल गई भगत सिंह ने शंका का कोई अवसर न रहे तीन चार गोलियाँ उस पर और दाग दीं। वे लोग कॉलेज की ओर बढ़े। साण्डर्स के गिरते ही सिपाही दौड़ पड़े इंस्पेक्टर फर्न और दो सिपाही इन लोगों के पीछे दौड़े। भगत ने गोली चलाई और फर्न बचने के प्रयास में गिर पड़ा। आजाद ने आदेश दिया 'निकल जाओ' और स्वयं दीवार बनकर उनके सामने खड़े हो गये। इतने में हेड कॉस्टेबिल चानन सिंह गाली देता हुआ दो सिपाहियों के साथ पीछा करने लगा। आजाद ने अपना माउजर उठाकर चानन सिंह को धमकाया – खबरदार! पर वह न माना, लिहाजा आजाद ने गोली चला दी, वह बाहें फैलाये जमीन पर गिर गया। किसी ने पीछा नहीं किया। आजाद भी भगत सिंह और राजगुरु के पीछे कॉलेज में पहुँच गये। आजाद ने राजगुरु को अपनी साईकिल पर बैठाया, सारी पार्टी वहाँ से निकल गई।

अंग्रेज डिप्टी सुपरिन्टेन्डेंट के मारे जाने की खबर पूरे लाहौर में फैल गई, सनसनी फैल गई। दूसरे दिन 'हिन्दुस्तान समाजवादी प्रजातंत्र' की ओर से परचे बांटे गये। उसमें साफ शब्दों में लिखा था– जे.पी. साण्डर्स की हत्या कर लाला लाजपत राय की मृत्यु का बदला ले लिया गया। 'इन्कलाब जिंदाबाद' हमें एक व्यक्ति की हत्या करने का खेद है पर वह बहुत निर्दयी, नीच और अन्यायपूर्ण व्यवस्था का अंग था। यह सबसे अत्याचारी सरकार है।

इन इश्तहारों को पढ़कर लोगों को क्रांतिकारियों पर गर्व होने लगा। पुलिस ने 'नौजवान भारत सभा' और 'विद्यार्थी संग' के कई युवकों को गिरफ्तार किया। वहाँ से क्रांतिकारियों का बाहर निकलना मुश्किल था। आजाद तो संयासी के वेश में चिमटा बजाते निकल गये। भगत सिंह को पुलिस ने देखा था। उन्होंने अपनी दाढ़ी–मूंछे साफ कीं, दुर्गा भाभी और उनका तीन साल का बेटा शची उनके परिवार की तरह निकले। राजगुरु आधी धोती मिरजई पहने इनके नौकर बने। भगत सिंह लम्बा ओवर कोट पहने शची को गोद में उठाये वेटिंग रूम से पहुँचे। भगत सिंह और राजगुरु दोनों के पास भरी हुई पिस्तौल थी यदि पुलिस को तनिक भी संदेह होता तो गोली चल जाती फिर तीन वर्ष के बच्चे का क्या होता। बचते हुए ये लोग कलकत्ता पहुँच गये।

विजय भूमिगत थे और आगरा के एक छोटे से कमरे में अन्य क्रांतिकारियों के साथ थे, तीन दिनों तक पैसा न होने के कारण इन लोगों को केवल एक चाय का कप नसीब हुआ। दो या तीन कंबल थे, जिसे 8–9 व्यक्ति उत्तर भारत की ठण्ड में सिकुड़कर रातें काटते थे, फर्श पर लेटते थे। राशन मे केवल दो आना मिलता था एक आना वे खाने में खर्च करते बाकी पैसा जोड़कर फिल्म देखते, जो बहुत पसंद थीं। एक बार सिनेमा हाल में विजय को लगा कि कुछ शंकालु नजरे उस पर गड़ी हैं तो ध्यान भटकाने को सिगरेट पी बाद में उन्हें बहुत सिर दर्द हुआ।

पड़ोस में बेनी प्रसाद रहते थे जो इन लोगों को दूध देते थे, तकादा करते थे पर दूध देना कभी बंद नहीं किया। सरकार इन्हें 'आतंकवादी' कहती थी कुछ जनता भी, जबकि वे देश की स्वतंत्रता के लिये बाजी लगाने वाले जवान थे उनका विचार था कि बलिदान से ऐसी अलख जगेगी, सारा भारत जाग उठेगा।

लाहौर की घटना के बाद विजय भूमिगत हो गये, वे अपने मित्र कमलनाथ तिवारी के साथ बिहार और कलकत्ता में रहते थे अपने को ब्राह्मण पुत्र बताते थे। एक बार मुश्किल में पड़ गये एक सज्जन ने उन्हें विवाह संस्कार कराने के लिये आमंत्रित किया। बेचारे विजय संकट में फंस गये। बोले– ओह आपने पहले नहीं बताया मैंने भोजन कर लिया है। मैं अब पूजा करने में असमर्थ हूँ। अब ब्राह्मण देवता की जय–जयकार होने लगी, भेद न खुल जाये, अतः विजय ने स्थान छोड़ दिया।

राजकुमार सिन्हा जी का विवाह

विजय के जेल से वापस आने के पश्चात् राजकुमार सिन्हा जी का विवाह प्रकृति घोष के साथ हुआ। धपधपी–24, परगना, कलकत्ता के प्रख्यात वकील श्री क्षेत्रघोष नाथ जब सिन्हा के परिवार के पास अपनी पुत्री प्रकृति का रिश्ता लेकर पहुँचे, राजकुमार सिन्हा जी ने हँसकर कहा– 'महाशय आप कहाँ कन्या का विवाह कर रहे हैं? मेरा तो एक पैर जेल में दूसरा बाहर रहता है।' श्री घोष स्वयं क्रांतिकारियों को सहयोग करने वाले थे। उनका पूरा परिवार देश–प्रेम से ओत–प्रोत था। उन्होंने लंबे सुदर्शन गोरे चिट्टे राजकुमार को अपना जमाई बनाना स्वीकार किया उन्हें आशीर्वाद दिया, संभवतः 51 रुपये माता को भी कुछ उपहार दिया। उसके पश्चात पाटी पत्र लिखा गया, पाटी पत्र में वर–वधू का परिचय एक शादी की तारीख लिखी गई, होने वाली वधू उस समय बी. ए. पास थी, बेहद उच्च शिक्षिता। मुहल्ले वाले आश्चर्य करते कि वकील साहब क्यों अपनी बेटी को इतना पढ़ा रहे हैं। 'ऐई में को दाखो जूतो पोरे जाय।' प्रभु ने मानव मस्तिष्क के बरबस अमृत के साथ विष भी भर दिया है अक्सर विष के बाण निकलकर अगले को घायल करते हैं।

समय पर वर यात्रा कलकत्ता पहुँची। नेता जी सुभाष चन्द्र स्वयं अगवानी के लिये आये थे, उनके घर मिष्टी दोई लायी गयी थी। वर को नये वस्त्र तथा टोपोर (एक मुकुट शोभा, एक स्पंज नुमा प्रोडक्ट जो जंगली पौधा बंगाल/आसाम में पाया जाता है, उससे टोपोर तैयार किया जाता है) पहनाये गये। महिलाओं ने शंख ध्वनि के साथ

वर का स्वागत किया। सुन्दर बांके वर को देखकर प्रकृति की माता की आँखे चौंधिया गयीं उन्होंने थाल लेकर आरती की। महिलाओं ने उलूक ध्वनि की। कन्या प्रकृति पान के पत्ते से मुँह ढंककर भाईयों द्वारा पीढ़े पर लाई गई। चादर से भाईयों ने ढांका और शुभ दृष्टि हुई, जिसमें वर वधू एक–दूसरे को देखा हैं। वर ने वधू को माला पहनाई और वधू ने वर को। इसे माला बदल कहते हैं, विवाह की रस्मों में घोष जी ने अपनी कन्या का हाथ सिन्हा जी को दे दिया, अब तुम्हीं इसके सर्वस्व हो। सारी रस्मों में वर केवल धोती पहने रहते हैं। कुर्ता उतार दिया जाता है। फेरे में भाईयों ने खील दी, जिसे वर–कन्या ने हवन में डाला। सबसे अंत में सिंदूर वर द्वारा वधू की माँग में भरा गया।

अब बारी थी कन्या पक्ष और वर पक्ष के युवक युवतियों के हँसी–मजाक और गीत। इसे बासर रात कहते हैं, पर पुलिस बाहर मुस्तैद खड़ी थी। अत्यन्त शानदार भोज हुआ जिसमें अनेक प्रकार के पदार्थ परोसे गये। सबको तला हुआ प्रान भी परोसा गया। लूची, माछ, मॉस भाजा तरह–तरह के जब विजय की खिंचाई महिलाओं द्वारा की

गयी। नेता जी मुस्कुराते हैं, भोग में सम्मिलित हुए। मिष्ठान रसगुल्ला संदेश पन्तुआ आदि। लड़कों ने रसगुल्ला खाने का कम्पटीशन किया। बीच–बीच में कन्या पक्ष चुटकी लेता, खाय लो कानपुर में इतना मिष्टी कहाँ मिलेगा, बेचारे विजय दस रसगुल्ला ही खा सके। इधर वर–वधू मण्डप में बैठ चुके थे, फेरे के उपरान्त सिंदूर दान की रस्म की गयी और विवाह सम्पन्न हो गया, प्रकृति घोष अब प्रकृति सिन्हा बन गयीं।

सारे कार्यक्रम के दौरान पुलिस का पहरा रहा, वे भी जब बढ़िया भोज उड़ा चुके तो आदेश दिया– 'हाल खाली करो गीत–संगीत अपने गाँव जाकर करना' वाह रे पुलिस–क्रांतिकारी के विवाह में भी व्यवधान डाल रही थी, वहाँ–कहाँ बम–पिस्तौल रखे थे? क्षेत्रनाथ घोष का परिवार स्वयं क्रांतिकारी था।

लाहौर केस की फॉसियों के बाद 'भगत सिंह, राजगुरु और सुखदेव ने मेमोरियल फण्ड' की स्थापना की थी पता यही मार्कण्डेय भवन, कराची खाना था।

आज मार्कण्डेय भवन नहीं है उसके स्थान पर 'पान पराग' की बिल्डिंग खड़ी है। सुशीला जी अपनी माता और सरदार किशन सिंह (शहीदे आजम भगत सिंह के पिता) के साथ मिलकर 'भारतीय नारी शिल्पघर' स्थापित किया था। यह संस्था धन एकत्रित करके क्रांतिकारियों को जो जेल में बंद थे, किताबें भेजती थीं, क्रांतिकारियों के लिये वकील की सलाह लेने का प्रयत्न करती थी। माँ हमेशा गैलरी में जहाँ क्रांतिकारियों की सुनवाई होती थी, जाती थी। पता नहीं किस चमड़ी के बने थे हमारे युवक, वहाँ कोर्ट में ही वंदे मातरम, इन्कलाब जिंदाबाद के नारे लगाते थे।

दस क्रूर पठानों को इन लोगों को नंगे बदन कोड़े मारने के लिये भेजा गया, जितनी जोर से वह कोड़े मारता बदन छिल जाता, उतनी ही जोर से वीर 'भारत माता की जय' दहाड़ उठता।

संसार-भ्रमण पर आपका एक रोचक लेख पाठकगण चन्द्र के पृष्ठों पर पढ़ेंगे।

कानपुर के उत्साही कांग्रेस-सेवी श्री० राजकुमार सिन्हा का शुभ विवाह आगामी १० नवम्बर को कलकत्ते की कुमारी प्रकृति घोष बी० ए० के साथ सम्पन्न होने जा रहा है।

विजय सिन्हा पर कोड़े बरसाये जा रहे थे, फूलों की तरह जिसे पाला, वह माँ गैलरी में बैठे देख रही थी। आँखों में बहते आँसुओं को रोक वह भी नारे लगाने लगती, उसके संग दर्शक दीर्घा में बैठे लोग भी, पुलिस ने बल प्रयोग करके इन लोगों को वहाँ से हटाया। भारत के इतिहास में ऐसी माता का वर्णन करना आँसुओं में डूब जाना है। बच्चे को जरा सी चोट लगती है माँ के हृदय पर पहले घाव होता है, कल्पना कीजिये कि श्रीमती शरत कुमारी सिन्हा ने कैसे यह सब सहा होगा।

शहीद जतीन दास की शव यात्रा को देखकर वे मूर्च्छित हो गयी थीं। हृदय कोमल था पर बाहर से कठोर बनने की चेष्टा करतीं। सारे बड़े–बड़े क्रांतिकारी उनके पास आशीर्वाद लेने आते। सबसे अग्रगण्य सुभाष चन्द्र बोस जब भी कानपुर आते, माँ से जरूर मिलते।

शहीद भगत सिंह, बटुकेश्वर दत्त सबको पुत्रों की तरह स्नेह देतीं। भगत सिंह की फाँसी रोकने के लिये भरसक प्रयास किया। तेज बहादुर सप्रू को भी पत्र लिखा। वे साधारण अपराधी नहीं हैं, वे युद्ध के कैदी हैं।

8 पठान इन लोगों को पीटने के लिये लगाये गये थे, मि. राबर्ट जो यूरोपियन था, उसने भगत सिंह की ओर इशारा करके कहा– यह सबका लीडर है, इसे अधिक पीटो। पिटाई से शिव वर्मा और अजय कुमार बोस अचेत हो गये। भगत सिंह ने आवाज ऊँची की, मैं आप लोगों को इस क्रूरता पर बधाई देता हूँ। शिव वर्मा बेहोश पड़ा है, यदि ये मर गये तो सारी जिम्मेदारी ब्रिटिश सरकार की होगी। इस कोर्ट ट्रायल की पूरे विश्व में चर्चा होने लगी। विश्वभर से सहायता राशि आने लगी। पोलैण्ड की एक भद्र महिला ने आग्रह किया कि उसे कोर्ट की हर रोज की रिपोर्ट भेजी जाये। जापान, कनाडा और अफ्रीकन देशों से सहायता मिली। सरकार दुविधा में पड़ गयी उसने क्रांतिकारियों को सरकार की ओर से सफाई वकील की पेशकश की।

भगत सिंह, राजगुरू, सुखदेव, आज्ञाराम, शिव वर्मा, कमलनाथ तिवारी, सुरेन्द्र नाथ पाण्डेय, शिव राम और विजय कुमार सिन्हा ने सीधे शब्दों में मना कर दिया, 'हमें कोई सरकारी मदद नहीं चाहिए।' जब ये कैदी कोर्ट में लाये जाते उच्च स्वर में गाते–

वतन की आबरू खतरे में है
देखें कौन कहता है,

सुना है आज मकतल में हमारा इम्तिहान होगा।

पुलिस जबरदस्ती हथकड़ी लगाने की चेष्टा करती वे नारे लगाते रहते, प्रेमदत्त कुंदनलाल और अजय घोष मूर्च्छित हो गये। जस्टिस आगा हैदर इस घोर भ्रष्टाचार को सह न सके, कोर्ट छोड़कर जाने लगे। प्रधान के कहने पर रुक तो गये पर दुःख से सिर झुका लिया

और जस्टिस हैदर ने अपने को इस केस से अलग कर लिया। जज हैदर को बरगलाने के लिये वायसराय कैबिनेट में जगह देने की पुरजोर कोशिश की गई, उन्होंने मना कर दिया।

अब वायसराय ने नई कमेटी का गठन किया जिसमें जस्टिस हिल्टन, प्रेसीडेंट, जस्टिस सर अब्दुल कादिर और जस्टिस टैप मेम्बर बनाये गये। 21 जून, 1930 को इसका गठन कर लिया गया। ट्रिब्यूनल ने विजय और 14 और अभियुक्तों को सजा सुनाई – केस को नाम दिया गया 'सुखदेव और 14 क्रांतिकारी' शहंशाह के विरोध करने के लिये केस चलाया जा रहा है।' ये लोग शहंशाह जो भारत के भी बादशाह हैं, के विरोध में लोग हथियार इकट्ठा करके युद्ध करना चाहते थे। इन लोगों ने सान्र्डस और चानन सिंह की हत्या दिनांक 17 दिसम्बर को की थी।

अ– ये क्रांतिकारी– सुखदेव, किशोरी लाल, देशराज, प्रेम दत्त, शिव वर्मा, गया प्रसाद, महावीर सिंह, भगत सिंह, अजय कुमार घोष, जतिन सान्याल, विजय कुमार सिन्हा 'बच्चू', राजगुरु, कुंदन लाल और कमलनाथ तिवारी।

ब– भगवान दास माहौर, चन्द्रशेखर आजाद, कैलाश पति, भगवती चरण बोहरा, यशपाल और सत्गुरुदयाल के नाम थे।

23 गवाहों और 5 मुखबिरों ने विजय की शिनाख्त की, विजय ने मुस्कुराते हुए सबसे हाथ मिलाया। ब्रज गोपाल मिश्र ने विजय को पहचान कर उनके पाँव छुए। विजय को पहचानने वाले मुखबिर मनमोहन बनर्जी, जय गोपाल, हँसराज, ललित कुमार मुखर्जी और फणीन्द्र नाथ घोष। फणीन्द्र नाथ की मुखबिरी पर किसी को विश्वास न आया।

फरवरी, 1930 में जनता का विश्वास पुनः क्रांतिकारियों में जाग्रत हो गया। भगवान दास माहौर और सदाशिव राव आजाद के कहने से पूना जा रहे थे, उनके पास बम्ब बनाने का सामान था। रास्ते में

पुलिस ने तलाशी ली, तेजाब की बोतलों को भगवानदास ने आयुर्वेदिक औषधि बता दिया, पर पुलिस का शक न गया। लिहाजा दोनों भागने लगे। पुलिस वालों ने शोर मचा दिया कि बम्ब मारने वाले भागे जा रहे हैं, लिहाजा भीड़ भी पीछे दौड़ पड़ी। सदाशिव का पैर सिग्नल की तार से उलझ गया, वे गिर पड़े भगवान दास ने हवा में गोली चलाई, फिर भी भीड़ पीछे दौड़ती रही और वे लोग पकड़े गये। दोनों को लाहौर लाकर जय गोपाल और फणीन्द्र नाथ से शिनाख्त करवा दी गयी। उन्होंने जेल से आजाद तक निवेदन पहुँचाया कि यदि पिस्तौल मिल जाये तो वे मुखबिरों को गोली मार सकते हैं, पिस्तौल भिजवा दी गई, उनके एक हाथ में हथकड़ी लगी थी, आजाद का संदेश था कि यदि हो सके तो फणीन्द्र को अवश्य मारना।

भगवान दास माहौर चन्द्रशेखर के प्रिय शिष्य थे, उनका निशाना अचूक था महाराज खनिया धाना, श्री खलक सिंह जूदेव के यहाँ अक्सर आजाद रहते थे। एक दिन राजा साहब के मुजाहिबों ने निशानबाजी की प्रतियोगिता करवानी चाही, वे चाहते थे कि आजाद का निशाना असफल हो जाये। एक सूखा अनार ऑवले से भी छोटा पतली सी टहनी में लगा था, सब लोग बराबर निशाना लगा रहे थे आजाद के हाथ में बन्दूक आयी, फौरन मास्टर रुद्र नारायण के संकेत पर माहौर ने रोका निशाना अचूक बैठा, अनार गिर गया, आजाद ने माहौर को हिदायत दी बाद में शाबासी।

भगवान दास ने जैसे ही छोलदारी का पर्दा उठाया, फणीन्द्र छिप गया, गोली जय गोपाल के कंधे पर लगी। दोनों क्रांतिकारी पकड़ लिये गये। परन्तु इस समय जनता उनके साथ थी 'क्रांति जिन्दाबाद' 'इन्कलाब जिन्दाबाद' के नारे लगाये जा रहे थे 'गद्दार मुखबिर'। यही तो क्रांतिकारी चाहते थे कि जनता जाग उठे। धीरे–धीरे अपने लक्ष्य की ओर बढ़ते जा रहे थे। अदालत की कार्यवाही स्थगित कर दी गयी। दस आदमी गिरफ्तार किये गये, चार महीनों में क्रांतिकारियों

के प्रति जनता में परिवर्तन आ चुका था, क्योंकि वॉयसराय की ट्रेन के नीचे बम विस्फोट, चटगाँव के शस्त्रागार पर हमला और फिलासफी ऑफ बम्ब का वितरण।

जनता को समझ में आया– क्रांतिकारी कौन है, उनका प्रयोजन क्या है? पुलिस में भी चेतना आ गयी, उनके स्थान पर गोरे सार्जेन्ट रखे जाने लगे। हिन्दुस्तानी सिपाही अपने डरे हुए साथियों को फटकार कर कहते– 'क्यों मरे जा रहे हो, इस नौकरी के लिये बहुत होगा 4–6 महीने की जेल हो जायेगी' माँ के इन लालों को देखो, देश और कौम के लिये अपनी जान दे रहे हैं।

1929–30 में 'इन्कलाब जिंदाबाद' 'भगत सिंह की जय' के नारे सुनाई देने लगे। काँग्रेस के भी कुछ लोगों ने (मालवीय जी) गांधी जी से माँग रखी कि भगत सिंह और उनके साथियों को फाँसी की सजा न हो। जनता को भी बड़ी आशा थी, पर गांधी जी ने इसे समझौते की शर्त बनाने से इंकार कर दिया, केवल प्रार्थना की।

ब्रिटिश सरकार ने भी इसे अपनी शक्ति और प्रतिष्ठा का प्रश्न बना दिया, परन्तु फाँसी हुई, जनता को बड़ा आघात पहुँचा। मार्कण्डेय निवास में उदासी का अंधेरा छा गया, उसी समय गांधी जी कानपुर आये थे, लोगों ने विरोध किया, काले झण्डे भी फेंके गये। सिन्हा बंधुओं की अग्रजा सुशीला घोष बहुत ही उत्तेजित थी उन्होंने काला झण्डा दिखाया। किसी ने कहा, 'शायद झाड़ू फेंकी गई' वे मानसिक रुप से विचलित थीं।

शहीदों के शोक में मार्च, 1931 में कॉग्रेस में भी गांधी जी को काले झंडे दिखाये गये, काले फूल दिये गये। लोग क्रांतिकारियों को देश भक्त तो मानते थे, पर आर्थिक सहायता देने में संकोच करते थे। क्योंकि गांधी जी क्रांतिकारियों को सहायता देने का निषेध करते थे।

साण्डर्स वध के बाद क्रांतिकारियों को लाहौर से निकालना टेढ़ी खीर था। आजाद पुरुषोत्तम दास टंडन जी से मिले, उन्होंने कहा–

'तुम्हारे ढंग और सिद्धान्त का समर्थन हम नहीं कर सकते, पर तुम लोग देशभक्त और शूरवीर हो।'

आजाद किसी से कभी भी कुछ नहीं मांगते थे, परन्तु विवश होकर कुछ आर्थिक सहायता का अनुरोध किया। टंडन जी ने मात्र 10 रु. दिये। आजाद की क्या मनःस्थिति रही होगी, इसकी कल्पना करना कठिन है। किसी तरह टंडन जी का आदर करते हुए ले लिया।

सरकार दो दमनकारी विधेयक ला रही थी, 'सार्वजनिक सुरक्षा कानून' (Public Safety Bill) और 'औद्योगिक विवाद कानून' (Traders Dispute Bill) हि.स.प्र.स. के साथी ये जानते थे कि कॉग्रेस इसका विरोध करेगी, पर सरकार वायसराय की विशेष स्वीकृति से ये कानून पास करा लेगी। संगठन ने विचार किया कि हि.स.प्र.स. की ओर से बम फेंककर इस कानून का पुरजोर विरोध किया जाये।

पहला पहलू– विदेशी सरकार को खुली चुनौती देना कि तुम प्रतिनिधियों के निर्णय के विरुद्ध शस्त्र–शक्ति से शासन कर रहे हो हम उत्तर शस्त्र से दे रहे हैं।

दूसरा संदेश– राष्ट्रीय प्रतिनिधियों को चेतावनी देना कि आपका वैधानिक विरोध निष्फल है। भगत सिंह भी जयदेव कपूर के साथ एक–दो बार विधानसभा हो आये थे। इस पर भी विचार किया गया कि बम्ब फेंकने के बाद साथियों को वहाँ से कैसे निकाला जाये। पर यह संभव नहीं था। भगत सिंह और विजय कुमार सिन्हा ने आग्रह किया विधानसभा में बम्ब फेंककर केवल पर्चे बॉटकर हमारा उद्देश्य पूरा नहीं होगा। अतः बम्ब फेंकने वाले साथी बचने की चेष्टा न करें वे साम्राज्य विरोधी प्रदर्शन करें।

केन्द्रीय समिति में बम्ब फेंकने वालों की चर्चा होने लगी। विजय कुमार और शिव वर्मा, आजाद और भगत सिंह में से किसी को असेम्बली में भेजने के विरोध नें थे। क्योंकि संगठन की पूरी जिम्मेदारी

इन्हीं के कंधों पर थी। बटुकेश्वर दत्त काकोरी काण्ड से ही दल के साथ थे, अतः तय हो गया कि विजय कुमार सिन्हा और बटुकेश्वर दत्त ही बम्ब फेकेंगें। विजय कुमार सिन्हा अच्छे पत्रकार और वक्ता भी थे। वे अपनी बात अच्छी तरह से रख सकते थे। इस बैठक में सुखदेव उपस्थित नहीं थे निर्णय पता चलते ही वे आनन–फानन में भगत सिंह के पास पहुँचे और लताड़ा 'बम फेंकने तो तुम जा रहे थे', तुम मौत से डर गये, तुम फिसल गये। भगत सिंह बहुत देर तक शान्त रहे, बोले 'असेम्बली में बम फेंकने मैं ही जाऊँगा'। सुखदेव ने भगवती चरण बोहरा से कहा कि भगत सिंह से आखिरी बार मिल लो, भगत सिंह को रसगुल्ले और संतरे बहुत पसंद थे, दुर्गा भाभी ले तो गयीं। सुशीला जी दुर्गा भाभी ने भगत सिंह को अक्षत का टीका लगाकर विदा किया।

आजाद ने भगत सिंह को रोकने की कोशिश की– तुम सान्डर्स केस के अपराधी हो। तुम्हारा बचना मुश्किल हो जायेगा। पर भगत सिंह अपनी बात पर दृढ़ रहे। 8 अप्रैल, 1929 को बम्ब इस प्रकार फेंके गये कि किसी को चोट न लगे। जैसे ही सर जान शुस्टर बिलों पर वॉयसराय की विशेष स्वीकृति की घोषणा करने के लिये खड़े हुए– हि.स.प्र.स. के बाकी सदस्य चुपचाप निकल गये। जैसे ही शुस्टर ने घोषणा की बिल पास हो गये हैं भगत सिंह और दत्त अपने स्थान पर खड़े हो गये। भगत सिंह ने पहला बम्ब सर की काउच पर फेंका, शुस्टर अपनी डेस्क के पीछे छिप गया, अब दूसरा बम दत्त ने फेंक दिया।

शुस्टर पर भगत सिंह ने गोलियाँ चलाईं पर वह नीचे छिपकर बच गया। भगत सिंह और दत्त ने नारे लगाये।

'इन्कलाब जिन्दाबाद
साम्राज्यवाद का नाश हो'
उन्होंने लाल रंग के पर्चे भी फेंके।

भागा–दौड़ी मच गयी। केवल मोती लाल नेहरू, जिन्ना और विट्ठल भाई पटेल अविचलित बैठे रहे। भगत सिंह और दत्त के आत्मसमर्पण के बाद पुलिस उन्हें अलग–अलग मोटरों में बैठाकर ले चलीं। दोनों कारें एक तांगे के पास से गुजरीं, तांगे में भगवती चरण बोहरा, दुर्गा भाभी और सुशीला दीदी थीं, दोनों ने एक–दूसरे को न पहचानने का ढोंग किया, कितना मुश्किल भरा पल था। अदालत के मंच से अपनी बात कह सकने के लिए संगठन ने भगत सिंह और दत्त का बलिदान दिया। पहले तो कुछ कायर मतलबी सज्जन इनकी निन्दा कर गये, किन्तु जब इन लोगों ने अदालत में ऐतिहासिक बयान दिये, तब सबने जाना कि ये सिद्धान्तवादी युवक हैं।

सिद्धान्त यह है कि वर्तमान पूँजीवादी साम्राज्यवादी समाज का अंत हो और मेहनत करने वालों को समुचित स्थान मिले। विजय कुमार सिन्हा फरार होकर बरेली में ठाकुर पृथ्वीराज सिंह, जो जमींदार थे और डिप्टी कलेक्टर भी थे, के घर में रुके, वहाँ वे उनके बच्चों के शिक्षक बन गये, बच्चे विजय से घुल–मिल गये। वे शिक्षक के साथ–साथ मित्र भी बन गये। एक दिन बच्चों ने सिनेमा जाने का प्रोग्राम बनाया, वे अपने शिक्षक को भी जिद करके ले गये।

जमींदार परिवार बालकनी में बैठता था, दिनांक 10 अगस्त, 1929 को क्राउन थिएटर हाल में सब साथ मिलकर पिक्चर का आनंद ले रहे थे, विजय को नहीं पता था कि पुलिस की आँख उन पर है, इंटरवल में जब वे कोल्ड ड्रिंक लेने बाहर आये, पुलिस ने घेर लिया। सब– इंस्पेक्टर इं. जे. स्पीक जो इंटेलीजेंस विभाग का था, उसने इन्हें पकड़ा आजाद की भविष्यवाणी सच हुई– बच्चू तू तो सिनेमा देखते पकड़ा जायेगा। इन लोगों पर मुकदमा चलता रहा और आजाद अपनी ही भविष्यवाणी सत्य करते हुए शहीद हो गये।

जब लाहौर केस प्रारम्भ हुआ, क्रांतिकारी अनशन कर देते हैं– उनका कहना था कि हम राजनीतिक बंदी हैं चोर–डकैत नहीं।

हमें साधारण कैदी न समझा जाये। इसी अनशन में जतीन्द्र नाथ दास को बलपूर्वक दूध पिलाने से दूध फेफड़े में चला गया। गणेश शंकर विद्यार्थी जी स्वयं उन लोगों को देखने पहुँचे, उन्होंने वक्तव्य दिया कि 'भगत सिंह व दत्त' के अनशन का आज बावनवॉ दिन है। जतीन्द्र की हालत बिगड़ती जा रही थी उनके साथी भगत सिंह, विजय कु. सिन्हा, दत्त, शिव वर्मा, अजय घोष उनके साथ थे। विजय और साथियों ने दर्शकों को आने देने का आदेश देने को कहा। बहुत से लोग जिसमें विद्यार्थी अधिक थे अदालत के बाहर परिसर में खड़े होकर 'इन्कलाब जिंदाबाद' के नारे लगाते।

मजिस्ट्रेट नाराज हो गया– बच्चे पढ़ाई से विमुख हो रहे हैं।

भगत सिंह ने कटाक्ष किया– क्या यह अदालत का काम है कि सबकी पढ़ाई देखे? विजय ने 18 अक्टूबर, 1929 को प्रार्थना पत्र दिया– हमारे अपने मित्रों–रिश्तेदारों को कोर्ट परिसर में आने दिया जाये।

19 अक्टूबर को नेता जी सुभाष चंद्र बोस, बाबा गुरु दत्त सिंह, डॉ0 धर्मवीर और किरन चंद्र दास को आने की आज्ञा मिली, किरन दास जतीन के भाई थे। दिसम्बर 1929 को पं0 मोतीलाल नेहरू किदवई अदालत में आये। दास धीरे–धीरे मृत्यु की ओर बढ़ रहे थे। सुभाष चन्द्र बोस ने 600 रु. अर्थी के लिये भेजे। सरकार की पूरी कोशिश थी कि जुलूस न हो पर देश के कोने–कोने से अपने इस लाल की तपस्या के लिये फूल बरसाये जा रहे थे। विजय की माँ तो अचेत हो गयी थीं।

अक्टूबर 1930 में सजा सुनाई गई, लाहौर काण्ड के अन्य कैदियों के साथ भगत सिंह, राजगुरु और सुखदेव का सम्पर्क बना हुआ था। उन लोगों ने बताया कि वे तीनों मानसिक रुप से स्वस्थ थे। भगत सिंह को इस बात का दुख था कि उनके पिता सरदार किशन सिंह जी अपने पुत्र की प्राण भिक्षा के लिये अंग्रेज गवर्नर को पत्र लिखा था,

जो नामंजूर हो गया। वे बहुत दुखी हुए कहा– 'My Father has stabbed me in the back'

फाँसी की तारीख दिनांक 24 मार्च, 1931 तय हुई थी पर अंग्रेज सरकार डर रही थी कि जनता उग्र प्रदर्शन न करे। 23 मार्च को दूसरे लाहौर षडयंत्र के अभियुक्तों को अदालत से जल्दी ही मौत की सजा सुना दी गई। तीन बजे तक सारे कैदी बैरक में बंद कर दिये गये, सफाई शुरू हो गयी। भगत सिंह ने अपनी कोठरी से धर्मपाल को पुकारा– धर्म आज तुम लोग अदालत से जल्दी कैसे आ गये?

धर्मपाल– लोग कह रहे हैं कि आज बड़े अफसर जेल का मुआइना करने आ रहे हैं। भगत सिंह हँसकर बोले– 'अरे भोले लोगों', हम ही मुआइना करने जा रहे हैं। उन तीनों को नहाने का पानी दे दिया गया सुखदेव हथकड़ी लगाने का विरोध कर रहे थे। फाँसी के लिये ले जाते समय कैदियों के हाथ पीछे कर बाँधने का कायदा है।

बूढ़े वार्डेन चतर सिंह ने हाथ जोड़कर कहा– हम पर रहम कीजिए हमें हथकड़ी लगाने का हुकुम मिला है। भगत सिंह के कहने पर राजगुरु और सुखदेव ने हथकड़ियाँ लगवा लीं। भगत सिंह ने अपने साथियों से कहा 'अच्छा अब हम चलते हैं।'

जेल भर में सारे कैदी उच्च स्वर में इन्कलाब जिन्दाबाद के नारे लगाने लगे। इन नारों की आवाज जेल परिसर के बाहर भी जा रही थी, पास के बंगले में पंडित संत्तनम् को शक हुआ और सरदार किशन सिंह को फोन कर दिया। नारे बंद कर दिये गये सारे लोग दम साधे तख्ता गिरने की आहट सुनने के लिये मौन हो गये।

संध्या 7 बजे तख्ते गिरने की आवाज आयी पूरी जेल भगत सिंह जिंदाबाद, राजगुरु जिंदाबाद, सुखदेव जिंदाबाद के नारों से गूँज उठी। बाद में जेल अधिकारियों ने बताया कि– भगत सिंह ने कहा–

आप हमें दो मिनट का समय दें, ताकि हम नारे लगा सकें। सुपरिन्टेंडेंट मौन रहा–

तीनों ने एक साथ नारे लगाये–

Long Live revolution इन्कलाब जिंदाबाद

Down with imperialism साम्राज्यवाद का नाश हो

आर्थिक कठिनाई इतनी थी कि दिल्ली की केन्द्रीय सभा में आने वाले प्रतिनिधि दोनों तरफ का किराया नहीं जुटा पा रहे थे। बैठक के समय 8–10 रुपये की आवश्यकता पड़ी तो विजय सिन्हा ने फणीन्द्र घोष का वापिसी का टिकट बेचकर काम चला दिया। विजय हिसाब–किताब में माहिर थे। कैलाशपति बरहलगंज, गोरखपुर के डाकखाने में काम कर रहा था, वहाँ से 1800, लेकर भाग आया। इस छोटी सी रकम से दल का काम चला। बाद में कैलाशपति मुखबिर बन गया था।

लाहौर में भगत सिंह आदि पर मुकदमें चल रहे थे उस समय विजय कुमार सिन्हा ने अनशन किया था। भगत सिंह और दत्त को छुड़ाने की योजना बनायी गयी, बोर्स्टल जेल में जब लाया जायेगा, एक बम जेल की गारद पर दूसरा शेर दिल पुलिस की छोलचारी पर फेंकने की योजना थी।

1 जून को यह आक्रमण होना था 28 मई की सुबह भगवती चरण बोहरा ने कहा कि बमों को मसाला भरकर तैयार कर दो और परीक्षण कर लिया जाये। भगवती जी बच्चन और सुखदेव राज बम लेकर

परीक्षण करने चले गये थे आजाद मोटर के प्रबन्ध में लगे थे। बम की आजमाइश करते समय बम भगवती जी के हाथ में फट गया, वे घायल होकर गिर पड़े। एक साथी को छोड़कर सुखदेवराज घायल अवस्था में बंगले के पास आया। एक टैक्सी किराये पर लेकर रावी नदी के तट पर जंगल पहुँचे। उसका एक हाथ कलाई से उड़ गया था, चोटों पर जगह–जगह घाव हो गये थे, पेट में छेद हो गया था, जिससे खून बेतहाशा निकल रहा था।

यशपाल को देखकर बोले अच्छा हुआ तुम आ गये, आजाद भी आ जाते उन्हें देख लेता। उन्होंने सहायता लेने से इंकार किया दुख इस बात का है कि मौत दो दिन बाद होती कम से कम भगत सिंह को छुड़ाने में सहयोग कर लेता। मृत्यु का वो साक्षात्कार करने वाले निर्भय ऐसे क्रांतिकारियों को गांधी जी वायसराय इरविन की सहानुभूति में कायर कहते थे। एक छोटा बच्चा शची पत्नी सबको छोड़कर गुमनाम विदा हो गये। आजाद ने यशपाल से पूछा– 'शरीर किस अवस्था में छोड़ जा,'। यशपाल– एक चादर से ढाँक आए हैं। दुर्गा भाभी सुध–बुध खोकर बैठी थीं। आजाद, यशपाल और बच्चन उस स्थान पर पहुँचे, तीनों ने निलकर जल समाधि दे दी। आजादी की लड़ाई में गुमनाम शहीद थे। कुछ लोगों की शहादत तो पता चली, कुछ रावी नदी में खो गये।

भगवती जी की इच्छा का सम्मान करते हुए अगले दिन पुनः जेल पर पहुँचे, सूचना मिली कि भगत सिंह और दत्त को पुलिस बोर्स्टल जेल पहुँचा आई। अब पाँच बजे सेन्ट्रल जेल ले जाएगी। पर पुलिस ने अपनी गाड़ी जेल के फाटक से लगा दी, अब भगत सिंह और दत्त एक पिंजरे से दूसरे पिंजरे में पहुँच गये। इसलिये आक्रमण न हो सका। योजना असफल रही।

पंजाब सरकार ने राजनैतिक आंदोलन विशेषकर क्रांतिकारियों के दमन हेतु एक स्पेशल पुलिस का दस्ता तैयार किया था इस विभाग

में क्रूर, जाहिल, अच्छे कद्दावर भर्ती किये गये उन्हें राजभक्त बनाये रहने के लिये अच्छा खाना, अच्छी वर्दी दी गयी। वे हमेशा पिस्तौल बाँधे रहते। इनके कारण योजना सफल न हो सकी। भगत सिंह को प्राणदण्ड सुनाया गया, पर कानपुर के सुरेन्द्र नाथ पाण्डेय बरी हो गये। उन लोगों ने दल को पुनः संगठित करने का काम प्रारम्भ किया। शालिग्राम कम उम्र का लड़का था, आजाद उसे निशाना लगाना सिखाते एक बार जब वह जेल में भगत सिंह ने एक पत्र दिया– सुरेन्द्र नाथ को देने के लिये लिखा था। Surendra not भगत सिंह ने किशोर शालिग्राम की आँखों में आँखें डालकर पूछा– समझ गये। किशोर शालिग्राम ने उत्तर दिया– हाँ।

वह डी.ए–वी. कॉलेज के हॉस्टल में रहता था। एक दिन आजाद ने निगम और पाण्डेय से मिलने का समय डी.ए–वी. कॉलेज के सामने ग्रीन पार्क में तय किया था मुँह अंधेरे ही शालिग्राम पाण्डे के साथ साईकिल पर निकल पड़े। सड़कों पर काफी गड्ढे थे, पाण्डेय जी की साईकिल गडढे के खाँचे में पड़ी, जोरदार झटके से अगला पहिया टूट गया। दोनों पैदल ही ग्रीनपार्क पहुँचे। शालिग्राम ने कहा– कि मैं छात्रावास से किसी छात्र से साईकिल बदलकर लाता हूँ– शायद आगे जाना पड़े।

शालिग्राम हॉस्टल के पास पहुँचे, ग्रीनपार्क के सामने आग्जिविचरी फोर्स का दफ्तर था, वहाँ पर इन्सपेक्टर शम्भुनाथ मौजूद था, उसने टार्च की रोशनी में शुकुल को पहचान लिया, शुकुल ने निकलने की कोशिश की, पर टूटी साईकिल के कारण विवश थे, इंस्पेक्टर ने डंडा शालिग्राम के सिर पर दे मारा। इसी समय शुकुल ने पुकार कर चेतावनी दी – Beware, Beware सावधान, सावधान, क्योंकि लाल इमली की तरफ पाण्डे और दूसरे ओर से आजाद आ सकते थे।

घिर जाने पर शुक्ला ने पिस्तौल निकाल ली आजाद ने निशाना लगाना सिखाया था, उसकी गोली एक सिपाही की जाँघ में लगी।

इन्स्पेक्टर और उसके सिपाही आग्जिवियरी फोर्स के दफ्तर में घुसकर छुप गये। ड्यूटी पर खड़े गोरे सिपाही ने शालिग्राम को गोली मार दी। आफिस से शंभुनाथ ने और गारद बुला ली शुकुल के पीठ पर गोली लगी थी, घायल दफ्तर के सामने पड़ा था, उसी समय आजाद ग्रीन पार्क से परमट की ओर वाले रास्ते से साईकिल से गुजरे, शालिग्राम ने अपने कमाण्डर को जाते देखा, पर दम साधे रहा ताकि कमाण्डर पर आँच न आए।

चार–पाँच मिनट में और अधिक फोर्स पहुँच गयी, पुलिस उसे निश्चल जानकर समीप पहुँची, उसकी पिस्तौल गरज उठी दो–तीन सिपाहियों को घायल कर दिया, अब सिपाही ताबड़तोड़ गोलियाँ चलाने लगे। जब एकदम निश्चल पड़ गया तब शव को उठाकर ले गये। आजाद ने डी.ए–वी. कॉलेज के प्राध्यापक मुंशीराम 'सोम' जी को घटनास्थल पर भेजा।

शालिग्राम शुक्ल का नाम किसी षडयन्त्र केस में नहीं आया, पर धैर्य और वीरता में कम न था, अपने कमाण्डर के लिये प्राण न्योछावर कर दिये। यह भी बहुत बड़ी शहादत है जो इतिहास के पन्नों में खो गयी। धीरे–धीरे एक–एक कर साथी बिछुड़ते जा रहे थे। आजाद यशपाल, विश्वनाथ, वंशम्पायन, बच्चन, सुरेन्द्रनाथ पाण्डेय कुछ ही लोग बचे थे। विजय कुमार शिव वर्मा जयदेव कपूर सब जेल में बन्द थे।

साण्डर्स काण्ड के कारण अधिकतर मुखबिरी के कारण पकड़े गये, आजाद के दो विश्वस्त साथी माहौर और सदाशिव की गिरफ्तारी के कारण उन्होंने दक्षिण भारत जाने का विचार स्थगित कर दिया। कानपुर को ही मुख्य केन्द्र बनाया गया। गणेश शंकर विद्यार्थी, अरोड़ा जी, प्यारे लाल अग्रवाल जी, सुरेन्द्र पाण्डेय जो जेल से छूटकर आये थे, ने मिलकर नया संगठन बनाया।

वीरभद्र तिवारी दुहरा खेल, खेल रहे थे। जोगेश चन्द्र चटर्जी को जेल से छुड़ाने की योजना इसी के कारण असफल हो गयी। यशपाल ने वाइसराय की ट्रेन उड़ाने की पूरी योजना अपने सिर पर ली, सफल भी हुए, बस चूक के कारण धमाका वाइसराय के डब्बे से पीछे चौथे डब्बे पर हुआ।

लाहौर काँग्रेस के अधिवेशन से पूर्व क्रांतिकारियों ने परचे बाँट दिये थे। वाइसराय के ट्रेन पर हमले से क्रांतिकारियों और कॉग्रेसियों में नया जोश भर गया। पूर्ण स्वतंत्रता प्रस्ताव का विरोध हुआ पर युवा कॉग्रेसियों ने पास करा लिया।

कानपुर में कुली बाजार में बम बनाने का कारखाना बनाया गया, उसमें निचले हिस्से में ढलाई होती थी दिन में जूते को संवारने वाले त्रिकोण ढलते थे, रात को बम्ब शेल। कानपुर की आर्डिनेन्स फैक्ट्रियाँ ही नहीं बम बनाती थीं, हमारे क्रांतिकारी भी, और ये बम्ब किसी भी सैनिक बमों से कम नहीं थे। आजाद ने 100 बम ढाले, पर बाद में यह कारखाना बन्द कर दिया गया।

बंगाल में हिन्दुस्तान रिपब्लिकन आर्मी में नवयुवक–नवयुवतियाँ 1930–31 में लगातार अंग्रेजों से मोर्चा ले रही थीं। दमन की लपटें जितनी सुलगतीं, उतना ही बलिदान की भावना बढ़ती गई। चटगाँव शस्त्रागार काण्ड दिल दहलाने वाला था। चटगाँव (वर्तमान में बांग्लादेश में) में अंग्रेजों का शस्त्रागार था, 18 अप्रैल, 1930, क्रांतिकारी सूर्यसेन के नेतृत्व में लूटने पहुँचे। सूर्यसेन जी को मास्टर दा कहा जाता था। इसमें किशोर बालक थे, 12–15 वर्ष की एक सेना तैयार कर दी थी। मास्टर दा का प्लान था कि शस्त्रागार लूट कर सेना को दी जायेगी। गणेश घोष, लोकेश नाथ, कल्पना दत्त, प्रीति लता, वद्देदार सबसे आगे थे। चटगाँव का सम्पर्क कलकत्ता से तोड़ना था। गणेश घोष के नेतृत्व में 65 क्रांतिकारी पुलिस डिपो पर कब्जा कर लेते हैं। वहाँ

हथियार मिल गये पर गोला–बारूद नहीं मिला। यूरोपियन क्लब पर कब्जा किया।

मास्टर सूर्यसेन ने राष्ट्रध्वज फहराया। वंदेमातरम् का उद्घोष हुआ। पुलिस के सक्रिय होते ही क्रांतिकारी पहाड़ी पर छिप गये। 22 अप्रैल, 1920 को ब्रिटिश पुलिस ने इनको घेर लिया 80 पुलिस वाले मारे गये। ये सभी भारतीय थे, अंग्रेज बड़े चालाक थे, अंग्रेजों को आगे नहीं रखते थे, 12 क्रांतिकारी खेत में रहे।

1931 में आजाद नेहरू जी से मिले तब तक मोती लाल जी की मृत्यु हो चुकी थी पं0 नेहरू के अनुसार– 'आजाद केवल इस बात पर मिलने को तैयार हुए कि शायद सरकार और काँग्रेस में समझौता होने वाला है। तब क्रांतिकारियों के साथ कैसा बर्ताव होगा।' आजाद ने कहा– 'हम आतंकवादी नहीं हैं', हम सशस्त्र क्रांति की चेष्टा कर रहे हैं। मैं नहीं मानता कि शांतिमय साधनों से आजादी मिल जायेगी। आजाद ने मुलाकात की घटना कटरे में अपने सहयोगियों को सुनाई, क्रोध में उनके होठ फड़फड़ा रहे थे– 'साला हमें फासिस्ट कहता है।' आजाद इस बात से बहुत दुखी थे उनके कहने से यशपाल जाकर नेहरू से मिले, नेहरू ने कहा– 'आतंकवादी काम के लिए मैं कोई भी सहायता नहीं करूंगा।' व्यक्तिगत रुप से रूस भाग जाने की सलाह दी और सुरेन्द्र पांडे, चौधरी रामधन के बताये रास्ते से रूस जाने वाले थे।

27 फरवरी, 1931 को आजाद किसी से मिलने के लिये एल्फ्रेड पार्क जाने के लिए निकल गये। उस समय उत्तर प्रदेश पुलिस का इन्स्पेक्टर जनरल हालिंस था, किसी की निशान देही पर पुलिस ने पार्क को घेर लिया। आजाद की पहली गोली पुलिस सुपरिन्टेन्डेंट बाबर को बाँह में लगी सिपाही आड़ में छिपकर लगातार गोलियाँ चलाये जा रहे थे, आजाद को तीन गोलियाँ लग चुकी थीं, खून बह रहा था। अचानक विश्वेश्वर सिंह ने झाँका, आजाद ने इस वक्त में

भी अचूक निशाने से उसका जबड़ा तोड़ दिया। केवल एक गोली बची थी, अपनी प्रतिज्ञा को याद करते हुए कनपटी पर चला दी, भारत माँ का भक्त बलिदान हो गया। पुलिस वालों में साहस नहीं था कि शव के पास जा सकें, सो कई गोलियाँ चलाकर पाया कि वे निष्प्राण हो चुके हैं।

राष्ट्रीय विचारधारा के इलाहाबाद के लोग उनका संस्कार उचित ढंग से करना चाहते थे, एक व्यक्ति को आजाद का भाई बनाकर खड़ा किया, हजारों की भीड़ एकत्र हो गयी। एल्फ्रेड पार्क के जिस वृक्ष के नीचे आजाद ने वीरगति प्राप्त की, लोग उसकी पूजा करने लगे। ब्रिटिश सरकार को असह्य था, वह पेड़ ही कटवा दिया। पर लोग एल्फ्रेड पार्क को 'आजाद पार्क' कहने लगे।

मालवीय जी का आजाद पर असीम स्नेह था। आजाद की मृत्यु से उन्हें मर्मान्तक पीड़ा हुई। उन्होंने पद्‌मकान्त मालवीय को आदेश दिया इस बालक का अंतिम संस्कार विधिवत् किया जाये। साथ ही भारतीय स्वतंत्रता सेना के सर्वोपरि सेनानी के अनुरूप विदाई दी जाये।

23 मार्च, 1931 को लाहौर जेल में भगत सिंह, सुखदेव और राजगुरु को फाँसी पर लटका दिया गया। इस वक्त देश भर में व्याप्त हड़तालें होने लगीं। ब्रिटिश, हिन्दू और मुस्लिम में फूट डलवाने में सफल हो चुके थे। मुसलमानों में भावना भर गयी थी कि काँग्रेस के प्रमुख आगे थे मुसलमान विरोध कर रहे थे। कानपुर में हिन्दू–मुसलमान दंगा हो गया। गणेश शंकर विद्यार्थी जी दंगे में फंसी कुछ महिलाओ को बचाकर उनके घर तक छोड़ने गये, पर धर्मान्ध लोगों ने उन्हें छुरियाँ घोंप कर मार डाला। महिलाओं ने मना भी किया था– 'यह तो मसीहा है' तो क्या हुआ काफिर है ?

बस दंगे ने विकराल रुप ले लिया, पन्द्रह दिनों बाद रुका। विद्यार्थी जो कॉग्रेसी होने के बावजूद क्रांतिकारियों की भरपूर सहायता

करते थे। आज उनकी याद में 'गणेश शंकर विद्यार्थी मेडिकल कालेज' खड़ा है जिसमें हजारों डाक्टर देश की सेवा में योगदान देते हैं। कुछ ऐसे क्रांतिकारी हुए जो फाँसी के फंदे पर नहीं झूले, पर मृत्यु तो आसान थी बाद में अत्यन्त कष्ट भोगे। मरने पर तो दुनिया याद करती है पर जीने पर भुला दिया जाता है।

इसमें दुर्गा बोहरा जिनके पति भगवती चरण बोहरा बम्ब परीक्षण करते हुए मृत्यु हुई उनकी गिनती शहीद में नहीं होती। भगत सिंह ने साण्डर्स काण्ड से सुरक्षित निकालने का काम दुर्गा भाभी ने लिया था, उन्होंने अपने चार वर्षीय पुत्र शची का जीवन भी दाँव पर लगा दिया था, यदि पन्नाधाय अपने राजकुमार का जीवन बचाने के लिये अपने प्रिय पुत्र की बलि देकर अमर हो गयी तो दुर्गा भाभी का भी बलिदान ऐसा ही था। गलती से भी गोली चल जाती तो शची का बचना मुश्किल था।

शची बहुत प्यारा बच्चा था उसका नाम क्रांतिकारी शचीन्द्र नाथ सान्याल के नाम पर रखा गया था, वह भगत सिंह को लम्बे चाचा कहता था। भगवान की कृपा से सब सकुशल पहुँच गये। पुलिस की टेढ़ी नजर हमेशा दुर्गा जी पर रही वे भी क्रांतिकारियों को पिस्तौल आदि पहुँचाती थीं। अपने पति की मृत्यु के बाद भी आँसू न बहा सकीं, कहीं पुलिस को शक न हो जाये। लखनऊ में सिटी मान्टेसरी स्कूल खोला एक बार पंडित नेहरू भी उनसे मिलने गये। 1999 में उनकी मृत्यु हुई एक जगत नायिका नहीं बल्कि साधारण तरीके से दाह संस्कार हुआ।

सरदार भगत सिंह, राजगुरु और सुखदेव को फाँसी की सजा हुई और किशोरी लाल, महावीर सिंह, विजय कुमार सिन्हा, शिव वर्मा, गया प्रसाद, गुरुदेव कपूर और कमलनाथ तिवारी को आजीवन कारावास। 7 अक्टूबर, 1930 को इन लोगों को जेल अधीक्षक के कमरे में बुलवाया गया, फाँसी का दण्ड पाँच लोगों को 'बोरिस्टल

जेल' भेज दिया गया। बाकी कैदियों को भी उनकी सजा के बारे में बताया गया। एक सफाई कर्मचारी ने धीरे से आकर विजय को भगत सिंह का पत्र दिया– जो उन्होंने अपने भाई को लिखा था। फाँसी पर तो केवल एक यातना सही पर बचे लोगों ने घनघोर यातनाएं सहीं।

7 अक्टूबर को विजय को सेन्ट्रल जेल में रखा गया लेकिन सारे क्रांतिकारियों को अलग–अलग रखा गया, क्योंकि वे घातक कैदी थे, कुछ दिनों बाद इन लोगों ने अनशन किया जिसे सुनकर राजगुरु, भगत सिंह और सुखदेव ने भी अनशन प्रारम्भ कर दिया, सरकार ने बातें मान लेने का आश्वासन दिया। अचानक एक दिन रात्रि को विजय को मुल्तान सेन्ट्रल जेल भेज दिया गया। पंजाब सरकार को भय था कि जनता ज्वालामुखी बन गयी है कभी भी विस्फोट हो सकता है। कोई भी उत्तर भारत की जेल विजय को लेने के लिये तैयार नहीं थी, सो शिव वर्मा के साथ इन्हें राजमुंदरी जेल, आंध्र प्रदेश (तब मद्रास) भेजा गया। राजमुंदरी जेल से विजय सिन्हा ने अपनी बहन सुशीला घोष को दो पत्र लिखे थे एक में पूछा था कि वे मेमोरियल कमेटी, लाहौर में गयी थीं, क्या माँ भी राजगुरु की माँ के साथ गई थीं। साथ में आग्रह किया कि पत्र हिन्दी/बंगला में न लिखें, क्योंकि समझने में बहुत समय लगता है। विजय को माँ का जेल आना स्वीकार नहीं था वे कमजोर नहीं पड़ना चाहते थे।

जयदेव कपूर भी सेन्ट्रल जेल राजमुंदरी आ गये, एक दिन वार्डेन ने इनके साथ बद्तमीजी की, क्रांतिकारी वीरों को सहन न हुआ गरमागर्मी हो गयी। यह घटना इन्स्पेक्टर जनरल, जेल के संज्ञान में पहुँचा। उन्होंने जयदेव को 20 कोड़े और विजय को 7 कोड़े लगाने का आदेश दिया विजय की शारीरिक स्थिति ठीक नहीं थी। विजय ने द्वितीय श्रेणी की जेल की सुविधायें मांगी क्योंकि वे राजनीतिक बन्दी थे। विजय और जयदेव ने अनशन प्रारम्भ कर दिया दोनों की हालत बिगड़ने लगी, सरकार ने दोनों को अलग–अलग करने के लिए विजय को सन् 1932 में विशाखापट्टनम जेल भेज दिया।

जेल के अधिकारी बर्बरतापूर्वक नली द्वारा भोजन पहुँचाने की कुचेष्टा करते। विजय का वजन 21 पौण्ड घट गया। 20 जनवरी, 1930 को बड़ी दी सुशीला जी ने वायसराय को तार भेजा। 'मेरे भाई विजय कुमार सिन्हा' गंभीर स्थिति में विशाखापट्टनम जेल में हैं। क्या आप उनका मृत शरीर हमें सौंपेंगे ?

24 अप्रैल, 1932 प्रीतिलता ने क्रांतिकारियों के साथ क्लब पर कब्जा कर लिया। 16 फरवरी, 1933 को मास्टर जी गिरफ्तार कर लिये। 10,000 रु. का इनाम था, तेग्रा ने रुपये के लालच में गिरफ्तार करवा दिया। 12 जनवरी, 1934 को मास्टर दा को फाँसी दे दी गई। प्रीतिलता ने आत्महत्या कर ली। इसके बाद उच्च अधिकारियों तथा गद्दारों को मारने का अभियान चला, इसमें युवतियाँ भी शामिल थीं। कुछ को फाँसी, कुछ को कालेपानी की सजा मिली।

उत्तर भारत और बंगाल के क्रांतिकारियों को जोड़ने वाली महिला मासी माँ थी, उनके साथ उनकी भांजी माया भी थी। दोनों सेन बालिका विद्यालय अध्ययन करती थीं। इन्हीं के द्वारा आजाद ने बंगाल के क्रांतिकारियों से सम्बन्ध स्थापित किये थे।

विजय कुमार सिन्हा ने अपना अनशन 5 नवम्बर, 1932 से प्रारम्भ किया था और 9 अप्रैल, 1933 को समाप्त किया, पूरे 155 दिन हड़ताल पर रहे, कितना कष्टमयी अनुभव रहा होगा। शब्दों में लिखना असंभव है–

मैंने 5 महीने बाद अनशन समाप्त कर दिया मुझे बहुत लोगों ने पत्र लिखे, महामना मदन मोहन मालवीय जी ने लिखा कि मैं अनशन समाप्त कर दूँ। मुझे अब अण्डमान भेजा जा रहा है जहाँ मुझे विशेष श्रेणी में रखा जाये। हे मातृभूमि शायद मेरा अंतिम प्रणाम है। राजमुन्दरी जेल में बहुत से कॉंग्रेसी भी मिले। रात को एकान्त में विजय गीत गाने लगते, सन्नाटे में मधुर लहरें गूँज जातीं। कुछ कैदी

जाग भी जाते। श्री अंजैन्या (बाद में श्वसुर बने) ने पूछा तुम्हें रातभर नींद क्यों नहीं आती।

विजय को ट्रेन द्वारा अण्डमान जेल ले जाया गया, हर स्टेशन पर इस क्रॉतिकारी वीर का स्वागत करने के लिये लोग खड़े थे। अगले दिन मद्रास पोर्ट से 'महाराजा' पानी के जहाज द्वारा अण्डमान ले जाया गया। क्रांतिकारियों को जहाज के नीचे वाले हिस्से में रखा गया। वे अविचलित शान्त होकर अपनी मातृभूमि के अंतिम दर्शन करना चाहते थे। यह जेल अंडमान निकोबार द्वीप की राजधानी पोर्ट ब्लेयर पर बनी है। अंग्रेजों ने इसे भारतीय स्वतंत्रता सेनानियों को कैद में रखने के लिए बनाई थी जो भारत भूमि से हजारों किलोमीटर दूर स्थित थी। यह 'कालापानी' नाम से कुख्यात थी।

अण्डमान जेल

1909 से 1938 के दौरान 586 क्रांतिकारियों को सेलुलर जेल भेजा गया जिसमें सबसे अधिक बंगाल क्षेत्र के थे। जेल की नींव 1897 में रखी गयी और 1907 में बनकर तैयार हुई। जेल में 698 कोठरियाँ थीं, कोठरी 15×8 फीट की थी। प्रत्येक कैदी को अकेला रखा जाता था, अकेलापन (तन्हाई) बहुत भयानक होती थी। डॉ0 दीवान सिंह, योगेन्द्र शुक्ला, बटुकेश्वर दत्त, विजय कुमार सिन्हा, विनायक दामोदर सावरकर, भाई परमानंद जी, शरद चन्द्र चटर्जी, सोहन राव आदि थे।

विजय मुस्कुराते हुए जेल में आ गये, वहाँ पता चला कि कुछ लोग अनशन कर रहे हैं वे फौरन अपनी शारीरिक कमजोरी होने के बावजूद अनशन करने को तैयार हो गये। कर्नल बार्कर को पता था कि विजय में नेतृत्व की क्षमता कूट–कूट कर भरी है सो उन्हें एकदम अलग रखने का आदेश दिया। पर अनशन की खबर बाहर पहुँच गई, तीन कैदियों की मृत्यु हो गई कुछ गंभीर स्थिति में थे।

गुरुदेव रवीन्द्रनाथ टैगोर ने भावुक संदेश दिया, 'मातृभूमि कभी भी इन पुरुषों को नहीं भूलेगी' अनशन 12 मई, 1933 को शुरू होकर 26 जून, 1933 को समाप्त हुआ।

1– कैदियों को पुस्तकें, पेपर पढ़ने का अधिकार मिला।

2– एक–दूसरे से बात कर सकते थे।

3– रात को प्रकाश की व्यवस्था की जाये।

4– खेलने की सुविधा मिले।

अब 'ए' क्लास के कैदियों को चादर, मच्छरदानी, तकिया, तौलिया दिया गया। बंगाली कैदियों को मछली की सुविधा दी जाये, दुर्गा पूजा करने की सुविधा मिली। पूजा के दिन कैदियों ने थाली बजायी, खूब गाना–बजाना हुआ, खाने में विभिन्न प्रकार के व्यंजन बने। पाँच दिन बहुत आनंद से बीते एक बार पुनः सारे कैदियों ने अनशन किया पर महात्मा गांधी के आग्रह पर बंद कर दिया। तीन सप्ताह के बाद 76 कैदी जो बिहार, आसाम, मद्रास और पंजाब से थे, पुनः 'महाराजा' जहाज पर चढ़ा दिये गये।

कलकत्ता पहुँचने पर इन क्रांति वीरों का बहुत स्वागत हुआ। कलकत्ता से विजय को लाहौर जेल ले जाया गया। जब विजय लाहौर जेल में पहुँचे। स्मरण किया– जतीन दास, भगत सिंह, राजगुरू, सुखदेव और महावीर हमें छोड़कर हमेशा–हमेशा के लिये चले गये। विजय का स्वास्थ्य दिन–प्रतिदिन बिगड़ता जा रहा था,

जनवरी 1938 को उन्हें उत्तर प्रदेश की नैनी सेन्ट्रल जेल भेजा गया पर स्थिति में सुधार नहीं हो रहा था। गांधीजी, राजेन्द्र बाबू और श्री जिन्ना के प्रयासों से विजय को जेल से मुक्त किया गया। जब अण्डमान से मुक्त हुए थे तब नेता जी सुभाष चन्द्र बोस जी ने उनकी माँ को पत्र लिखा – 'माँ तुमार खोका शीघ्र ही आश्बे'। नेताजी जब भी कानपुर आते सिन्हा बंधुओं की माता से अवश्य मिलते उन्हें माँ की तरह सम्मान देते। विजय कुमार सिन्हा जब कानपुर पहुँचे, कानपुर निवासियों ने भव्य स्वागत किया। 'इन्कलाब जिन्दाबाद' के नारों से स्टेशन थरथराने लगा। अपने पीले पड़ गये कमजोर पुत्र को देखकर माँ खुशी से रो पड़ीं उन्हें जीवित देखने की आशा छोड़ दी थी। 1973 में ज्ञानी जैल सिंह जो उस समय पंजाब के मुख्यमंत्री थे, भगत सिंह जी की माता को सम्मान दिया, उन्हें 'पंजाब माता' कहा। वे इतनी कमजोर हो चुकी थीं, उनके पुत्र ने धन्यवाद पढ़ा। 1974 भू. पू. अंडमान कैदी संस्था जिसके प्रधान विजय कुमार सिन्हा थे, उन्होंने अण्डमान की यात्रा को तीर्थयात्रा का नाम दिया। 23 बहुत ही महत्वपूर्ण नायक थे। पूरा प्रयत्न किया गया कि अंडमान को राष्ट्रीय स्मारक घोषित किया जाये। नेता जी सुभाष चन्द्र बोस, ले. कर्नल डी. एस. राजू और मेयर बी.एस. रावत के संग अंडमान क्लब पहुँचे जहाँ उन्होंने जिम खाना पर राष्ट्रीय झण्डा फहराया और राष्ट्रगान गाया गया। उन्होंने भारतीयों की सभा को भी संबोधित किया।

सन् 1944 में रंगून से रेडियो पर कहा, अस्थाई सरकार आजाद हिन्द की बन चुकी थी– मैं अंडमान 1943 में जा चुका हूँ, मैं लेफ्टीनेंट कर्नल लोगोनंदन को अण्डमान का मुख्य अधिकारी नियुक्त करता हूँ। भारतीयों को बहुत गर्व हुआ जब तिरंगा मुख्य कमिश्नर के आवास पर फहराया गया। यह भारत की प्रथम विजय थी, ब्रिटिश 200 कैदियों को वापस भेज चुके थे, जापानी हमले से पूर्व। नेता जी ने आगे कहा– अण्डमान पहला क्षेत्र है जिसे ब्रिटिश से आजाद

कराया गया। सबसे महत्वपूर्ण बात है कि अण्डमान में हमेशा राजनीतिक बंदियों को रखा जाता था, उन पर घनघोर अत्याचार किये जाते थे।

जैसे बैस्टल में क्रांतिकारियों ने फ्रेंच क्रांति के दौरान सारे राजनीतिक बंदियों को रिहा करवाया, उसी प्रकार अंडमान को 'शहीद' कहेंगे और निकोबार को 'स्वराज्य'। 1964 में सरकार ने इस तीर्थ स्थल अण्डमान जेल को तुड़वाकर 'गोविन्द वल्लभ पंत' हस्पताल बनवाने लगी। 300 लोगों ने श्रीमती इंदिरा गांधी को पत्र लिखा, यह भूमि हमारे लिये पवित्र है, इसको क्यों नष्ट किया जा रहा है।

श्रीमती रेणुका चक्रवर्ती ने भी प्रधानमंत्री को पत्र लिखा, पेपरबाजी चलती रही। क्रांतिकारियों ने लिखा– अण्डमान के कैदी अब 70 वर्ष से ऊपर हो गये हैं, शायद ही कोई बचे जिसमें कार्यवाही करने ताकत बचे।

काँग्रेस की पराजय बाद जनता पार्टी की सरकार बनी। प्रधानमंत्री मोरार जी देसाई ने स्वयं जाकर जेल देखने की इच्छा प्रकट की। 11 फरवरी, 1979 को क्रांतिकारियों की जीत हुई जब प्रधानमंत्री देसाई ने सेल्युलर जेल को राष्ट्रीय स्मारक घोषित किया, सारे राजनीतिक बंदियों को निमंत्रण दिया गया।

इस तरह देश की धरोहर बच गई, सावरकर, विजय कुमार सिन्हा, बटुकेश्वर दत्त की कहानियाँ इसकी दीवारों पर लिखी हैं। सामान्य जनमानस से दूर रखने के लिये जेल बनवायी गयी। 1857 के बाद इसका निर्माण 1906 में तैयार हो गया। यह मातृभूमि से हजारों किलोमीटर दूर था, चारों तरफ पानी भरा रहता व सेलुलर जेल में हर एक कैदी के नाम लिखे हैं उसमें विजय कुमार सिन्हा जी का नाम देखकर गर्व होता है। आज भी दीवारें आजादी के नारे लगाती हैं। कैदियों को एक–दूसरे से बात करने की अनुमति नहीं थी यहाँ तक कि सावरकर जी को भी पता नहीं था कि उनके बड़े भाई

इसी जेल में बंद थे। टॉयलेट की सुविधा नहीं थी, सुबह खुद साफ करो, मानसिक तनाव में रहते थे।

पैरों में बेड़ियाँ बाँधकर काम करवाया जाता है। देश के हर कोने से क्रांतिकारी लाये गये। जूट के बोरे का कपड़ा पहनने को दिया जाता था, सारी कठिन सजायें, लोहे की जंजीरों से बांधा जाता था, क्रूर डेविड एरी जेलर था।

उत्तर भारत के क्रांतिकारियों को इस समस्या का सामना नहीं करना पड़ा। दो चार बीमार पड़े पर स्वस्थ हो गये। 1975 में भगत सिंह की माता का देहान्त हो गया। विजय को बहुत दुःख हुआ, वे भगत सिंह के परम मित्र थे और उनकी माता का बेहद सम्मान करते थे।

उत्तर भारत में अधिक दुर्घटनायें नहीं हुईं, अधिकतर क्रांतिकारी इलाज से स्वस्थ हो गये पर बंगाल में बड़ी दुर्घटनायें हुईं, मरणासन्न क्रांतिकारी को किसी अकेले मकान में छोड़ दिया जाता, वह बिना किसी शिकायत के मृत्यु का वरण करता। वह स्वयं अपने साथियों से हठ करता कि उसे निर्जन स्थान पर छोड़ दिया जाये ताकि अन्य साथियों पर संकट न आये। देश की स्वतंत्रता के लिये इस महान त्याग को बिरले ही जानते हैं।

बटुकेश्वर दत्त

श्री बटुकेश्वर दत्त का जन्म 18 नवम्बर, 1910 को कानपुर में हुआ इन्होंने पी.पी.,न. कालेज, कानपुर से अपनी शिक्षा ग्रहण की। यहीं से भगत सिंह, राजकुमार सिन्हा और आजाद के सम्पर्क में आये। आगरा जाकर बम बनाने में महारत हासिल की। 8 अप्रैल, 1929 को असेम्बली में भगत सिंह के साथ बम फेंका। कम घातक नहीं था, धुआँ ज्यादा दिया। शादी लाल एवं शोभा सिंह ने उनके खिलाफ गवाही दी।

भगवानदास माहौर ने ग्वालियर में कमरा लिया। उद्देश्य था कि हर सदस्य को सीधे झाँसी न जाना पड़े। बहुत से सदस्यों को ग्वालियर बुलाया जाता, आजाद स्वयं आकर मिल लेते। इसी भवन में छत से कूदने की शर्त लगी, भगत सिंह, सुखदेव तो कूद गए। विजय से कहा गया तो बोले– मुझसे सीनियर लोग हैं, जब मौका आएगा तब देखेंगे। बटुकेश्वर दत्त बहुत सीधे थे, दौड़कर कूदे, नीचे पत्थर पर गिरते ही हाथ पर चोट आ गयी।

दत्त को एक प्रोफेसर का रिश्तेदार बनाकर अस्पताल में भर्ती करा दिया गया। वहाँ की नर्सों ने बड़ी सेवा की और दत्त जल्दी

स्वस्थ हो गये। जिन नर्सों ने सेवा की थी उन्हें क्या मालूम था कि वे किस महान विभूति की सेवा कर रही हैं। क्रांतिकारी के लिये गोली खाकर मरना इतना कष्टप्रद नहीं था जितना बीमार पड़ना। बीमार अवस्था में अपने परिवार से दूर मरणासन्न अवस्था में पड़े रहना, जिसकी खोज में पुलिस आकाश–पाताल एक कर रही हो, दल के बाकी सदस्यों के लिये गंभीर समस्या का विषय था।

"बटुकेश्वर दत्त" को अंतिम दिनों तक दुख रहा कि फाँसी हो जाती तो यह दिन न देखना पड़ता, दत्त को कालेपानी की सजा सुनाई गई।

दरअसल आजाद जी का प्लान था कि दत्त और विजय कुमार सिन्हा ही बम फेकेंगें, क्योंकि विजय बहुत अच्छे वक्ता और विचारक थे, पर भगत सिंह अपने फैसले पर दृढ़ रहे, सो भगत सिंह और दत्त ने बम फेंका, 1933 और 1937 में भूख हड़ताल, 1938 में रिहा किया। इसके उपरान्त मार्कण्डेय निवास में एक वर्ष बीमारी की अवस्था में रहे।

जब भगत सिंह को प्राणदण्ड तथा दल को कारावास मिला, बहुत दुखी हुए। भगत सिंह ने पत्र लिखा– क्रांतिकारी मर कर ही नहीं अपितु जीवित रहकर जेल में संघर्ष कर सकता है। उन्हें आजीवन कारावास (काला पानी) मिला जहाँ उन्हें टी.बी. हो गई, उन्होंने कॉंग्रेस आन्दोलन में भी भाग लिया, उन्होंने सिगरेट भी बेची। बस का परमिट मांगने कमिश्नर के पास गये परन्तु कमिश्नर द्वारा स्वतंत्रता सेनानी होने का प्रमाण पत्र मांगा। डॉ0 राजेन्द्र प्रसाद जी के कहने पर कमिश्नर ने माफी मांगी। श्री दत्त को कोई भी सम्मान नहीं मिला उनकी पत्नी अंजली मिडिल स्कूल में कार्यरत थीं जिससे घर खर्च चलता था।

वर्ष 1963 में विधान परिषद का सदस्य बना दिया गया। जब अखबार में छपा, तब सरकार जागी उन्हें दिल्ली लाया गया।

22 नवम्बर, 1964 को एम्स में भर्ती किया गया। भगत सिंह की माँ भी अस्पताल में देखने आईं। उनकी अन्तिम इच्छा थी कि अंतिम संस्कार भगत सिंह की समाधि के पास उनकी समाधि बनाई जाये।

वे बोले "काश! मैं फाँसी के फंदे से लटककर मर गया होता तो आज ये दुर्दिन न देखना पड़ता"। 20 जुलाई, 1965 को उनकी मृत्यु हो गई।

बटुकेश्वर दत्त की बेटी (भारती) एवं राजकुमार सिन्हा की बेटी (चित्रलेखा)

देश का युवक क्रांति के मार्ग पर खड़ा था। वह मानसिक दासता से मुक्त होना चाहता था। 39 दिनों गांधी जी अपने साप्ताहिक पत्र 'यंग इंडिया' में 'Cult of the Bomb' लिखा था, उत्तर में आजाद की ओर से 'Philosophy of the Bomb' प्रकाशित की गयी। अंग्रेजी शासन व्यवस्था की नींव पुलिस के थाने और सैनिक छावनियाँ थीं।

'हि.स.प्र.स. की शक्ति' कुछ सिरफिरे जवान नहीं, सारे श्रमिक किसान आजादी के लिये लड़ने वाली शक्ति है। इलाके के अंग्रेजी शासन के केन्द्र, थाना और छावनी आपके दमन आपकी परतंत्रता की बेड़ी हैं। विदेशी शासन पर इसी से चोट की जा सकती है।

अंग्रेज सरकार पर प्रत्येक चोट देश की आजादी का काम है। अंग्रेजी सरकार की नौकरी करके देश को गुलामी में बाँधने वाले लोगों को यह चेतावनी है कि यह देशद्रोह है। वीर गढ़वालियों ने पेशावर में हम वतनियों पर गोली न चलाकर यह संदेश दिया है।

1930 में पेशावर में गढ़वाली पल्टन ने निरीह जनता पर गोली चलाने से इंकार कर दिया था, चन्द्र सिंह गढ़वाली उस पल्टन के हवलदार थे। उन्होंने गोली चलाने का हुक्म देने से इंकार कर दिया था, इसलिये वे कारावास में यंत्रणा झेल रहे थे।

भगत सिंह के जिंदगी के आखिरी 12 घंटे, सारे कैदी चुप सब देख रहे थे उस रास्ते पर जहाँ भगत सिंह फाँसी के तख्ते पर जाने वाले थे।

पंजाब काँग्रेस के नेता ने पूछा– आपने बचाव क्यों नहीं किया। भगत सिंह– इन्कलाबियों को तो मरना होता है, मरने से अभियान मजबूत होता है।

भगत सिंह को किताबें पढ़ने का इतना शौक था कि साथी (स्कूल) जयदेव कपूर से कार्ल लीबरेशन की 'मिलिट्रीज्मा', लेनिन को 'लेफ्टविंग कम्युनिजम' आयरन सिक्नेयर की 'The spy' मंगवायी। कठिन जिंदगी के आदी हो गये थे। उनकी कोठरी 14 नं0 का फर्श, पक्का नहीं था छोटी सी थी इसमें शेर बब्बर कैद। जब मेहता ने 'रिवाल्युशनरी लेनिन' दी, फौरन पढ़ने लगे– मेहता ने पूछा– कोई संदेश– इंकलाब जिंदाबाद। फाँसी के लिये ले जाने से पूर्व बुक में मार्क लगाया। जेलर– अब कैसे पढ़ोगे ? मेरे बाद जो आयेगा, पढ़ेगा– क्रांति की मशाल जली रहेगी।

गहन चर्चा के बीच क्रांतिवीर एक–दूसरे को हँसते–हँसाते रहते थे, मौत सिर पर खड़ी है पर भारत माँ पुत्रों ने इसे जीवन का रस मान लिया। एक बार आजाद ने अपने साथियों की कमजोरियों की

खिंचाई की– 'रघुनाथ' (राजगुरु) सोते समय पकड़ा जायेगा, जब हवालात में आँख खुलेगी, इधर–उधर देखकर पुनः लम्बी तानकर सो जायेगा। मोहन (बटुकेश्वर दत्त) चन्द्रमा को निहारते हुए पार्क में पकड़ा जायेगा। चाँद की सुन्दरता को पुलिस की काली करतूत ढक लेती।

बच्चू (विजय कुमार सिन्हा) रणजीत, भगत सिंह पिक्चर देखते पकड़े जायेंगे। चवन्नी क्लास में बैठे होंगें। पुलिस चारों ओर से घेर लेगी, विजय कहेगा आधी पिक्चर अभी बाकी है। भगत सिंह– पकड़ लिया, उफ़ कौन सी वाहवाही है, पिक्चर पूरी हो जाये तब बाहर निकलेंगे, अंत तक बीच में बाधा उत्पन्न मत करो और आजाद आप? सबने पूछा एक ने कहा– ये बुंदेलखण्ड में शिकार खेलते हुए चोटिल हो जायेंगे, कोई ठाकुर साहब इन्हें पुलिस अस्पताल में दाखिल करा देगा। झाँसी में, फाँसी के दो फन्दे तैयार किये जायेंगे, एक गर्दन (मोटे) के लिये एक पेट के लिये।

आजाद हँसकर बोलते– मैं बंदर की तरह रस्सी से बाँधकर कोर्ट में नहीं ले जाया जाऊँगा। जब तक मेरा 'बम तुल बुखारा' (पिस्तौल) मेरे पास है कोई माई का लाल मुझे छू नहीं सकता है और उन्होंने सच कर दिखाया। माहौल को हल्का करने के लिये भगत सिंह, आजाद से गाने के लिये कहते। आजाद का प्रिय गीत था– माँ हमें विदा दो, जाते हैं हम विजय केतु फहराने। वे प्रायः भगत सिंह, राजगुरु या वैशम्पायन से गीत सुनाने को कहते। राजगुरु हँसकर कहते 'अभी पुलिस आता है विजय केतु लेकर'।

गणेश शंकर विद्यार्थी यूँ तो कॉग्रेस के नरम दल से जुड़े थे पर क्रांतिकारियों के बहुत बड़े समर्थक थे, उन्हें आर्थिक सहयोग के साथ अपने यहाँ शरण भी देते थे। ब्रिटिश साम्राज्य के विरोध में आवाज उठाने के लिये 'प्रताप' समाचार पत्र का संपादन किया। प्रताप प्रेस से होने वाली आय का बड़ा हिस्सा क्रांतिकारियों की मदद में खर्च

करते थे। 1928–29 में बलिदानी भगत सिंह और आजाद 6 माह तक उनके पास आकर रुके थे, पुलिस को जानकारी हुई तो एक कुर्सी छोड़ सारा फर्नीचर उठा ले गये। समाचार पत्र के विप्लवी लेखों के कारण उन्हें 8 वर्ष की जेल हुई।

काकोरी काण्ड के सम्बन्ध में 26 सितम्बर 1927 तक 40 गिरफ्तारियाँ हुई। यतीन्द्रनाथ दास जी पहले से ही क्रांतिकारी दल के सदस्य थे, कलकत्ता जेल में उनकी शिनाख्त के लिये मुखबिर बनारसी दास गया था पर पहचान न सका।

जब यतीन्द्रनाथ दास पर मुकदमा नहीं चल सका वे बंगाल आर्डिनेन्स में धर लिये गये। साम्राज्यवाद उनसे तंग आ चुका था किसी तरह उन्हें तोड़ना चाहता था। ढाका जेल में जेल सुपरिटेंडेंट से भिड़ गये, बुरी तरह पीटे गये। अनशन किया, सुपरिटेंडेंट ने क्षमा मांगी अनशन 23 दिन तक चला। 27 सितम्बर, 1926 को छोड़ दिये गये। सारे भारत के क्रांतिकारी जुटे हुए थे, भगत सिंह, सुखदेव, बटुकेश्वरदत्त, विजय कुमार सिन्हा, जयदेव कपूर सभी आजाद के नेतृत्व में चारों ओर संगठन कर रहे थे।

14 दिसम्बर, 1927 को चारों को फाँसी की सजा सुनाई गई। बनारस की सड़क पर दिन दहाड़े मणीन्द्र नाथ बनर्जी ने सुपरिटेंडेंट बनर्जी पर गोली चलाते हुए कहा– यह लो राजेन्द्र लाहिड़ी को फाँसी पर चढ़वाने का पुरस्कार। वह बच गया, ध्यान देने योग्य बात है कि मणीन्द्र सुपरिटेंडेंट के भांजे थे।

क्रांतिकारी नींबू पानी पीकर अनशन नहीं करते थे वास्तव में बिना कुछ अन्न–जल ग्रहण किये अनशन करते थे। उनकी माँगे थीं कि हम राजनीतिक बंदी हैं, हमारे साथ मामूली कैदियों वाला व्यवहार न किया जाये। लाहौर षडयंत्र के सभी अभियुक्तों ने भगत सिंह और दत्त का साथ दिया, हमें पढ़ने लिखने की सुविधा मिलनी चाहिए।

भगत सिंह और दत्त की हालत बिगड़ने लगी। जबरदस्ती नाक

के रास्ते ट्यूब डालकर दूध पहुँचाया जाता। गणेश शंकर विद्यार्थी समझाने पहुँचे पर अनशन जारी रहा। यतीन्द्रनाथ दास की अवस्था दिन प्रतिदिन गिरने लगी अनशन की सहानुभूति में दूर–दूर जेलों में अनशन हो रहा था। सितम्बर के प्रारम्भ में ही 'सारे डाक्टर कह चुके थे कि कोई आशा नहीं बची है।'

सरकार ने दो फर्जी व्यक्तियों से जमानत की अर्जी दाखिल करायी, किन्तु दास ने छूटने से अस्वीकार कर दिया। सरकार की सारी चालें व्यर्थ गयीं। सारा भारत स्तब्ध था, अपने लाल की तपस्या का दधीचि की तरह स्वतंत्रता में यज्ञ की आहूति दे रहे थे। 13 सितम्बर को यतीन्द्रनाथ बलिदानी हो गये।

हत्यारे ब्रिटिश साम्राज्यवाद ने दुनियाँ में बहुत सी हत्यायें की हैं, पर यह अमानुशिक हत्या भयानक थी। सुभाषचंद्र बोस ने मृत शरीर को कलकत्ता ले जाने के 600 रु. भेज दिये। बंगाल चाहता था कि उसका अमर पुत्र उसकी गोदी में सोये। बम्बई ने कहा– खर्च हम करेंगे, पंजाब से आवाज आई– हमारा प्रांत गरीब नहीं, सारा खर्च हम देंगे। सरकार का भरसक प्रयास था कि कोई जुलूस न उठे। इधर कानपुर में श्रीमती शरत कुमारी सिन्हा ने जुलूस का नेतृत्व किया, वे बहुत ही व्यथित थीं, रो रही थीं यहाँ तक कि मूर्च्छित हो गयीं।

दोनों भाईयों ने काँग्रेस की सदस्यता ले ली, राज कुमार सिन्हा उत्तर प्रदेश के फारवर्ड ब्लाक, प्रचार मंत्री बने, जबकि विजय सिन्हा संगठन मंत्री थे। राजकुमार जी स्वयं सेवी दल कॉग्रेस के अध्यक्ष थे। दोनों भाईयों ने फारवर्ड ब्लाक से त्यागपत्र दे दिया, क्योंकि वे दोनों फारवर्ड ब्लाक के सत्याग्रह आंदोलन में न शामिल होने के कारण असहमत थे। दोनों भाई सत्याग्रह आंदोलन में 1941 में जेल गये। उनकी माता श्रीमती शरत कुमारी सिन्हा ने अपने पुत्रों को पेरोल पर छोड़ने के लिये प्रार्थना पत्र दिया क्योंकि उनके जामाता का दिनांक 9 जनवरी, 1942 को स्वर्गवास हो गया था, अपनी बहन को

ढॉढस बँधाने के लिये भाईयों का उपस्थित रहना आवश्यक था, पर अर्जी नामंजूर कर दी गयी। एक और याचिका श्रीमती शरत सिन्हा ने डाली क्योंकि मेरे दोनों पुत्र कारागार में हैं, अतः मुझे कुछ आर्थिक मदद दी जाये। यह याचिका भी नामंजूर कर दी गयी। बड़े अर्थाभाव में सिन्हा परिवार ने अपने दिन काटे। कभी–कभी आलू ही उबालकर पेट भर लिया जाता था, आलू उस समय बहुत सस्ता था।

कोयला खरीदने की हैसियत नहीं थी सो कोयला का चूरा सस्ते में लातीं, उसके छोटे–छोटे गोले बनाकर सुखातीं, वही गोले अंगीठी में जलाये जाते, जिस पर खाना बनता। आर्थिक स्थिति सुधारने के लिये उन्होंने दाल और कोयला बेचा। लेकिन उन्हें अपने से ज्यादा अपने ईद–गिर्द रहने वाले गरीबों की परवाह थी।

वे चरखा कातकर खादी बुनती और विधवा आश्रम में दे देतीं। अपनी पुत्री सुशीला घोष और सरकार किशन सिंह (भगत सिंह के पिता) के साथ मिलकर, 'भारत नारी शिल्पघर' की स्थापना की। यह संस्था पैसे एकत्रित करके कैदियों को पैसे और किताबें भेजतीं। 1934 में उन्हें भयंकर फोड़ा हुआ, बचने की आशा न थी, बहन सुशीला घोष ने अपने छोटे भाई विजय जो अंडमान में थे, तार भेजकर सूचना दी, विजय ने माँ को प्रणाम कहा, अपनी दृढ़ इच्छाशक्ति के कारण वे स्वस्थ हो गयीं अपने खोका को देखने के लिये। चूँकि उनके पुत्र क्रांतिकारी थे अंग्रेजों की आँख का काँटा थे भय के मारे उनके मायके वालों ने सारे सम्बन्ध तोड़ लिए।

15 फरवरी, 1941 को राजकुमार जी श्री शिवनारायण टण्डन जी के साथ विदेशी वस्त्रों की होली जलाने 'रूरा' कानपुर देहात गये। हजारों लोगों ने उनका भाषण सुना। उसके बाद पुलिस ने गिरफ्तार कर लिया। भास्कर का जन्म नाना जी के यहाँ कलकत्ता में हुआ था। 30 नवम्बर, 1940 को पिता आंदोलन में व्यस्त थे अपने बेटे को देखने जा भी न सके। दोनों भाई सत्याग्रह के कारण पुनः जेल में थे माँ को

कोई वित्तीय सहायता नहीं मिली, किसी प्रकार उन्होंने अपनी पुत्रवधू प्रकृति और पौत्र भास्कर के साथ कैसे ये दिन काटे, यह प्रभु ही जानता है।

1942 में राजकुमार पुनः गिरफ्तार किये गये और 4 वर्षो तक नजरबन्द रहे। इस बीच नेता जी सुभाषचन्द्र बोस कानपुर आये थे, भारत के उन महान क्रांतिकारी सपूतों की सिंहनी माँ से भेंट की। उस समय दोनों बेटे नजरबन्द थे। 1948 में जब विजय सिन्हा जेल से बाहर आये, उन्होंने अंडमान की जेल के 'Prison Community' के बारे में 'In Andamans the Indian Basitille' इस बुक को त्रिपुरा काँग्रेस के अधिवेशन में रखा गया देखते ही देखते हजार प्रतियाँ बिक गयीं, शेष प्रतियाँ बड़े–बड़े पुस्तक की दुकानों, लाहौर, शिमला, पटना, कलकत्ता, बम्बई और व्हीलर द्वारा रेलवे स्टेशन पर रखी गयी पुस्तक की भूरि–भूरि प्रशंसा हुई। 'बाम्बे क्रानिकल' ने लिखा कि यदि यह किताब इंग्लैण्ड में प्रकाशित होती तो बेस्ट सेल्लर बनती। सरकार ने इस पुस्तक को प्रतिबंधित कर दिया सारी प्रतियाँ जब्त कर ली गयीं। दोनों भाई नेताजी से बहुत प्रभावित थे, यद्यपि नेता सुभाष चन्द्र जी काँग्रेस छोड़ चुके थे। बराबर रेड़ियो पर नेताजी की गर्जना सुनते थे जब आजाद हिन्द फौज भारत की ओर बढ़ी नेता जी ने कहा– बापू भारत के राष्ट्रपिता हैं और मैं अपने देश के लिए लड़ रहा हूँ। यह बात सन् 1944 की है।

आन्ध्र के कैदियों ने विजय को आन्ध्र प्रान्त बुलाया, क्योंकि वे राजमुंदरी जेल में 1930 में थे। विजय जब जेल से बाहर आये उनकी अवस्था 36 वर्ष की हो गयी, 14 वर्ष की उम्र से ही क्रांतिकारी जीवन जी रहे थे। बड़े भाई राजकुमार सिन्हा जी के विवाह के बारे में लिख चुकी हूँ। अनुज विजय कुमार सिन्हा जब वे राजमुन्दरी जेल में थे, तब रात को गीत गाते थे। जब उनके होने वाले श्वसुर कहते थे 'क्यों भाई रात भर नींद नहीं आती'।

श्री अंजेया 'मातृभूमि' साप्ताहिक पत्रिका के प्रकाशक और संपादक थे, उनकी बेटी पिता की मदद करती थी। उनकी अवस्था बीस वर्ष की हो गयी। उस युग में इतनी अवस्था तक अविवाहित रहना आश्चर्य और चर्चा का विषय था, इस आयु तक कन्या दो तीन बच्चों की माँ बन चुकी होती।

वे लोग उन्हें 'विद्रोही' बिटिया कहते जो माँ और मौसी को चुभती। फिर भी परिचित इस विद्रोही बिटिया के विवाह के सुयोग्य वर की तलाश में लग गये। शांति निकेतन से पढ़ी इस कन्या के लिये योग्य वर ढूँढना टेढ़ी खीर था। बहुत मुश्किल से माँ और मौसी ने एक डाक्टर को पसंद किया। डाक्टर साहब इतने बड़े काँग्रेस के नेता और आंध्र मेंबर्स के मित्र से बड़े प्रभावित थे, उन्होंने मध्यस्थ कहा कि अच्छा परिवार है, मैं कम दहेज लूँगा।

अब क्या था, विद्रोहिणी श्रीराज्यम् को क्रोध आ गया। उस समय आंध्र कांग्रेस महिला का काम देख रही थीं जिसका उद्‌घाटन श्री टी0 प्रकाशन करने वाले थे। पिता जी ने कई बार पूछा यदि कोई युवक पसन्द हो तो बताओ। अगली बार पिता जी ने विजय सिन्हा का नाम सुझाया। श्रीराज्यम् क्रांतिकारियों से बहुत प्रभावित थीं, अक्सर जुलूसों में झण्डा लेकर जातीं और 'आयो न भगत सिंह गातीं।' 'सरफरोशी की तमन्ना अब हमारे दिल में है' गाया करतीं।

पिता जी ने विजय की प्रशंसा की, वह बहुत साहसी, सच्चरित्र हैं, ब्रिटिश सरकार से घृणा करता है भगत सिंह का साथी है। पूरा परिवार क्रांतिकारी है। श्रीराज्यम् को घोर आश्चर्य हुआ पर मौन रहीं। मौन को स्वीकृति मान लिया गया।

प्रथा के अनुसार कन्या चाय लेकर जाती व श्रीराज्यम् घर के काम काज में अनाड़ी थीं सो चाय बिखरा दी। श्रीराज्यम् ने देखा कि विजय दुबले–पतले, लम्बे कद के गोरे चिट्‌टे युवक थे। बोली मधुर

थी वे 36 वर्ष के थे, श्रीराज्यम् 23 वर्ष कीं। वे जन्म से बंगाली थे, जबकि श्रीराज्यम् आंध्र की। विजय उठकर जाने लगे और अपने मित्र से पूछा 'अरे भाई वह लड़की कहाँ है जिसे देखने मैं आया हूँ।'

मित्र ने व्यंग्य किया– 'अच्छा तुमने उसे नहीं देखा, अरे! वही, जो चाय लेकर आयी थी' विजय हंसे– 'अच्छा वो मैं तो उसे नौकरानी समझ बैठा।'

दोनों ने बहुत बात की श्रीराज्यम् ने कहा कि मैं आपकी तरह कलाकार स्वभाव की नहीं हूँ, मुझे न तो खाना बनाना आता है न गाना। आप तो बहुत अच्छा गाते हैं। विजय ने कहा– बराबर जेल जाते रहने के कारण हम दोनों भाईयों की शिक्षा में व्यवधान पड़ा। मेरे परिवार में माँ है, भाई, भाभी और उनका बेटा (भास्कर)।

हमारे यहाँ काम करने को न तो रसोईया है न बर्तन धोने के लिए नौकरानी, माँ और भाभी सब काम स्वयं करती हैं। तुम अच्छे परिवार की एकलौती बेटी हो।

इन बातों ने श्रीराज्यम् के विद्रोही स्वभाव में स्फूर्ति भर दी, चुनौती स्वीकार करने की इच्छा बढ़ गई। विजय कानपुर गये, वहाँ से पिता जी को पत्र लिखा– मैं आपकी बेटी को हर हाल में खुश रखूँगा। उसके विकास में सहायक रहूँगा, कोई बाधा नहीं डालूँगा।

विवाह दिनांक 4 दिसम्बर, 1946 को वाणी महल, टी नगर मद्रास में सम्पन्न हुआ। साधारण रीति से विवाह हुआ। शपथ दुग्गीराजा बालकृष्णैया जी ने दिलाई, वे कॉग्रेसी और कृष्णा नगर के स्वतंत्रता सेनानी थे। विवाह में 'आंध्र केसरी प्रकाशन' मद्रास के मंत्री एवं बहुत से गणमान्य व्यक्ति शामिल हुए। प्रीति भोज नहीं दिया गया क्योंकि राशन पर कंट्रोल था और पिता सारे नियम का कठोरता से पालन करते थे।

श्री विजय कुमार सिन्हा एवं श्रीमती राज्यम् सिन्हा

14 दिसम्बर, 1946 को विजय अपनी पत्नी के साथ कानपुर पहुँचे स्टेशन पर भव्य स्वागत हुआ– 'विजय कुमार सिन्हा जिंदाबाद'। श्रीराज्यम् को एक क्रांतिकारी की पत्नी होने पर बहुत गर्व हुआ। श्रीराज्यम् को बंगाली न होने के कारण मन में भय हुआ पर सास जी ने बड़े प्रेम से स्वीकार किया– 'मैं सोचती थी कि अपने खोका को फिर से देख सकूँगी या नहीं आज देखो बहू लेकर आया है।' श्रीराज्यम् शांति निकेतन की छात्रा होने के कारण बंगला भलीभांति बोल लेती थीं यही दोनों में सेतु था।

कुछ महिलाओं ने पूछा, क्या सिगरेट पीती हो? होली का अनुभव नहीं था, ऊपर से कानपुर की होली, महिलाओं ने नववधू को खूब रंग लगाया। बंग महिलाओं में खुसर–फुसर हुई कि वधू ने शंख पोला

चूडी शंख निर्मित होती है, के स्थान पर सोने की चूड़ियाँ पहन रखी थीं। द्वार पूजा पर बहनों ने रास्ता रोका, तो भी श्रीराज्यम् को यह रस्म पता नहीं थी। विजय ने चुपके से नोट हथेली में थमा दिया, जिसे ननदों को देकर वे अंदर आ सकीं। उस समय परिवार में राजकुमार सिन्हा का पुत्र भास्कर 6 वर्ष का था। कुछ मास बाद श्री अंजैया आये और अपनी बेटी को अपने साथ ले गये।

1945 में विजय ने अपने मित्र कमलनाथ तिवारी के साथ चम्पारण जिला बिहार में खेती शुरू कर दी। विजय प्रतिमास अपनी माता को पचास रुपये भेजते। कुछ रुपये घर खर्च के लिए भी देते थे। इसी समय 15 अगस्त, 1947 को भारत स्वतंत्र हो गया राजकुमार जी ने 24 पेज का पत्र अपने अनुज विजय को लिखा था, वे उस समय मद्रास में थे।

कानपुर में हर्ष उल्लास छाया हुआ था मार्कण्डेय निवास दीपों से सजाया गया। माँ ने जोर से शंख बजाया, साथ ही बहुत बंग महिलाओं ने भी शंख ध्वनि की– अंग्रेज चले गये। कुछ लोग जोर–शोर से थालियाँ बजा रहे थे। राजकुमार जी शहनाई वादकों को भी बुला लाये। शहनाई की मधुर ध्वनि वातावरण में तैरने लगी। हर कोई गा रहा था, नाच रहा था, कुछ उत्साही पटाखे फोड़ रहे थे। एक–दूसरे को मिठाई खिलाई जा रही थी। मद्रास में भी संयत ढंग से खुशी मनायी गयी कनपुरिया तो खुशी मनाने में माहिर हैं।

विजय थोड़े दुखी थे (होना भी चाहिए था) जिन क्रांतिकारियों का खून बहा था वे चरखे के सूत में कत गये। स्वतंत्रता मिल गई कुछ सत्ता का सुख भोगने लगे वहीं क्रांतिकारी युवक अपनी नमक–रोटी के लिये पुनः संघर्ष करने लगे। राजकुमार जी ने कारावास में जर्मन, फ्रेंच, रशियन का अध्ययन किया। उन्होंने 'वारन्निकोव रूसी प्रशिक्षण मंदिर' की स्थापना की। वे डी.ए–वी. कालेज, कानपुर, आई.आई.टी., कानपुर तथा डिफेंस रिसर्च लेबोरेट्री नें जर्मन तथा रशियन पढ़ाने जाते थे,

सफेद पैंट–शर्ट पहने पैन्ट के पॉयचे के क्लिप लगे होते थे कि चेन में न फंस जाये।

कानपुर की सड़ी गर्मी में डी.ए–वी. से आई.आई.टी. साईकिल चलाना केवल एक क्रांतिकारी ही कर सकता था। चौदह किलोमीटर साईकिल से जाना आना। फिर बच्चों को पढ़ाना आज भी कार वाली पीढ़ी इस संघर्ष को समझ नहीं सकती। मित्र अंबरीश मिश्र जो डी.आर. एल.एम. में कार्यरत थे– एकदम समय पर साईकिल से अंदर आते। यह दूरी 35 कि.मी. है क्या जज्बा था। घर केवल ट्यूशन के पैसों से चलता फिर भी कई गरीब छात्रों से पैसे नहीं लेते। राजकुमार जी ने कमला पाउडर का निर्माण अपने मित्र राजेन्द्र सक्सेना के साथ किया पर व्यापार में बहुत घाटा हुआ, राजेन्द्र सक्सेना जी की मृत्यु के बाद राजकुमार जी उनका ऋण चुकाते रहे। बाद में उनकी बेटी ने बकाया चुकाया। यह एक ईमानदारी की मिसाल इस परिवार की है। बेचारी प्रकृति अपने औघरदानी शिव जी की गृहस्थी किस प्रकार चल रही थी यह वही जानती थीं। ईद के समय बड़ों का आशीर्वाद लेते हैं आई.आई.टी., कानपुर के कुछ छात्र (अरब से आये हुए) थे जो ईद पर उनका आशीर्वाद लेने पहुँचे। वे सिन्हा जी का सम्मान करते थे सो ईद पर नमस्कार करने आये।

सिन्हा जी बहुत प्रसन्न हुए, उन्हें कानपुर की प्रसिद्ध जलेबी मंगाकर खिलाई। उनके कुछ अच्छे मित्र भी थे, उन्होंने उसके साथ निर्यात का काम भी किया था, पर राजकुमार जी को कारावास हो गया, व्यापार ठप पड़ गया, पर उनका मित्र 200 रु. प्रतिमास उनकी माता श्रीमती शरत कुमारी बोस को भेजता रहा। जब राजकुमार जी जेल से बाहर आये तब माँ को पता चला कि फर्म तो तभी बन्द हो गयी थी।

माँ ने फौरन उस सज्जन को बुलवाया 'उत्तर मिला' 'माँ मैं आपका रिश्तेदार तो नहीं था, आप मुझसे कुछ नहीं लेतीं' इसलिए मैं झूठ बोलता रहा। क्षमा करो माँ। माँ निरुत्तर रह गयीं।

विजय कुमार सिन्हा को अपने दैनिक निवास 'मार्कण्डेय हाउस' की बहुत चिन्ता थी पिता की तेरहवीं के लिए 4000 रु. में रेहन रखा गया था, तब विजय केवल 14 वर्ष के थे, भाई राजकुमार सिन्हा काकोरी काण्ड के लिये कारावास में थे, परंपरा के अनुसार सारा भार किशोर विजय पर आ गया था, समाज के बंधन कठोर थे।

धीरे–धीरे रकम बढ़कर 17000 रु. हो गयी दुष्कर कार्य था ऋण मुक्त होना। श्री शिव नारायण टंडन काँग्रेस के नेता ने किसी प्रकार स्वतंत्रता सेनानी थे, भारत के लिये संघर्ष किया, यह सब बातों का उल्लेख करके रकम कुछ कम करवायी वर्ष 1950 में किसी प्रकार 10000 रु. देकर ऋण चुकता किया और मार्कण्डेय निवास स्वतंत्र हुआ। दोनों भाईयों के सिर पर से ऋण का भार उतर गया। विजय स्वावलंबी थे अपने ससुराल पक्ष से कोई मदद नहीं ली जबकि श्रीराज्यम् इकलौती पुत्री थीं। श्रीराज्यम् रेडियो पर वार्ताकार बन गयीं। 9 जनवरी, 1950 को उनके पुत्र का जन्म विजयवाड़ा में हुआ, उसका नाम 'अजय कुमार सिन्हा' रखा गया, 1952 में जब दादी माँ को देखने आया तो वे बेहद प्रसन्न हुईं उसे प्यार से 'राबी' बुलातीं।

उस समय राजकुमार जी की पुत्री चित्रा का भी जन्म हो चुका था वह राबी से दो साल बड़ी थी दोनों भाई–बहनों में बड़ा प्रेम था। चित्रा का जन्म भी ननिहाल में हुआ था। चित्रा उस समय चार वर्ष की थीं भाई भास्कर बारह वर्ष के। दादी (ठाकुर माँ) की अवस्था 75 वर्ष की हो गयी, वे अपने नाती–पोते–पोती को देखकर हर्शित थीं, दुख बस इस बात का था कि अब समय कम बचा है। उन्हें कैंसर जैसी बीमारी थी दर्द निवारक दवायें देकर सुलाया जाता था पर आँख खोलते ही बच्चों को देखती रहती थीं।

वह श्रीकृष्ण, शिव व राम की मूर्तियों की पूजा करती थीं, रोज पैदल गंगा जी जाकर जल से अभिषेक करती थीं। मन व्याकुल था कि मेरे जाने के बाद कौन भगवान की देखभाल करेगा, भोग

चित्रा एवं रॉबी का चित्र

लगायेगा। प्राण भगवान में अटके थे राजकुमार जी ने माँ से वायदा किया– मैं रोज ही गंगा जल से अभिषेक करूंगा, जैसे आप पूजा करती हैं वैसे ही करूंगा, कभी अनियमितता नहीं होगी।

माँ के प्राण बस यही सुनने को अटके थे, शांतिपूर्वक विदा ली, चेहरा एक शांत और किसी राजरानी की तरह दमक रहा था, कोई भी शिकन नहीं। जिस स्वतंत्रता के लिए दोनों पुत्रों ने संघर्ष किया उसे देख लिया। चिर शांति बच्चों को पड़ोस के घर में भेज दिया गया नन्हीं चित्रा बार–बार पूंछती– ठाकुर माँ कोथाय ?

जब शव को नीचे उतारा गया तकिये के नीचे अंतिम क्रिया के लिये पैसे रखे थे वे किसी पर भार डालकर नहीं जा रही थीं। हजारों लोग उनकी शवयात्रा में शामिल हुए श्रीमती कमला बोस, प्रधानाचार्या, एस.एन. सेन बालिका विद्यालय ने कहा– 'वे वास्तव में क्रांतिकारी महिला थीं, उनके दोनों पुत्र पंद्रह वर्षों के लिये जेल में उनसे दूर रहे, पर वे संघर्ष की आग जलाये रहीं।' बटुकेश्वर दत्त ने कहा, 'वे हम सारे क्रांतिकारियों की माँ थीं, वैसी ही थीं' कानपुर की जनता ने उन्हें माँ माना।

उनका जीवन की तुलना गोर्की की 'मदर' से की जा सकती थी, अपने दोनों पुत्रों को भारतीय स्वतंत्रता संग्राम की अग्नि में झोंक दिया, बदले में कुछ नहीं चाहा, ऐसी वीर जननी बार–बार जन्म नहीं लेतीं, सारी मातायें अपने बच्चों को ऑचल में छिपाकर रखती हैं।

नमन! ठाकुर माँ।

क्रांतिकारियों को जो पुस्तकें पढ़ने दी जाती थीं– 'आनंद मठ, एशिया निवासियों के प्रति यूरोपियनों का व्यवहार' बन्दी जीवन, गुरू गोविन्द सिंह, शिवा जी, वीरा दी निहल्सिर, सावरकर को '1857 गदर' मैक्सिम गोर्की को 'मदर', आयरलैण्ड की क्रांति तथा क्रांतिकारियों का इतिहास, गोर्की की 'मदर' का कानपुर ने साक्षात दर्शन किया।

1952 समाप्त होने को था, विजय अपनी पत्नी के साथ खटकल्यान, भगत सिंह जी के गाँव गये। वहाँ सरदार भगत सिंह की माता और चाची से मिले। श्रीराज्यम् को सरकारी नौकरी मिल गयी उस समय वे 32 वर्ष की थीं, एक जीविका का सहारा हो गया। राजकुमार घोर आदर्शवादी थे अपने मूल्यों से उन्होंने कभी भी समझौता नहीं किया न ही डिगे। यहाँ तक कि छोटे भाई से भी वैचारिक मतभेद हो गया। जब वे काँग्रेस के सदस्य थे एक बार गांधी टोपी उतारकर दी, नेहरू जी ने पूछा– 'टोपी क्यों उतार दी?'

राजकुमार जी ने कहा, 'मैंने तो केवल टोपी उतारी है पर कुछ लोग तो टोपी पहनकर यूरोपियन लोगों से मिलने जाते हैं।' जाहिर है कि कटाक्ष किस पर था। अपने मूल्यों पर अडिग रहने के कारण बहुत लोग विरोध में थे यहाँ तक कि चन्द्रभानु गुप्ता उ. प्र. मंत्री भी इनका विरोध करते थे। सत्य को हमेशा कीमत चुकानी पड़ती है। जब वे कानपुर जेल में थे उनके पास केवल एक लालटेन थी। भांजा दूसरी लालटेन लेकर पहुँचा, जेलर से अनुरोध करके दूसरी लालटेन भिजवा दी पर सिद्धांतों के पक्के राजकुमार ने लालटेन वापस कर दी। एक बार उन्हें महात्मा गांधी से मिलने जाना था, जब वे वर्धा पहुँचे घनघोर बरसात हो रही थी उनके पास न तो छाता था, न रैनकोट। भीगते हुए समय पर पहुँच गये। गांधी जी प्रसन्न हुए उन्होंने उन्हें तौलिया अपने को सुखाने के लिये दिया, कहा– तुम वास्तव में सच्चे सैनिक हो।

उनके एक मित्र ने उनके जर्मन ज्ञान का दुरुपयोग किया और पं. गोविन्द वल्लभ पंत से एन.सी.सी. में प्रयोग की जाने वाली

राइफलों का लाइसेंस ले लिया। राजकुमार को जब सत्य का पता चला, उन्होंने फौरन अपने को इस फर्म से अलग कर लिया। दो छोटे बच्चों, पत्नी, आर्थिक संकट हमेशा रहा। बच्चों ने कभी खेल–खिलौने या विकास का सामना नहीं किया। माँ, 'शिशु शिक्षा सदन' में 75 रु. प्रतिमास पर पढ़ाने लगीं। उन्हें मान्टेसरी की ट्रेनिंग करने इलाहाबाद जाना पड़ा। बड़े भाई भास्कर 14 वर्ष के थे पर चित्रा केवल 6 वर्ष की बच्ची थी वह अपने पिता को बहुत परेशान करती, माँ को यादकर चिड़चिड़ी हो गयीं। दोनों बच्चों की देखभाल साथ में आजीविका के लिये डी.ए–वी. से आई.आई.टी. डी.आर.एल.एम. जाना–आना सब राजकुमार जी ने अकेले झेला। पन्द्रह वर्ष देश के लिये जेल की यातना झेलीं, उसका यह पुरस्कार मिला। बम काण्ड के बटुकेश्वर दत्त बीमारी की अवस्था में इनके घर आकर एक वर्ष रहे। बहनों के घर भी आस–पास थे, बड़ी बहन आशालता मित्रा की पुत्रवधू अपर्णा मित्रा प्रकृति सिन्हा की अच्छी मित्र थीं दोनों में समन्वय था, उन्होंने जब प्रकृति इलाहाबाद में थीं, चित्रा की अच्छी तरह देखभाल करती एवं उसे अच्छे कपड़े खरीदकर देतीं। श्री सिन्हा स्वयं बहुत अच्छे पाकशास्त्र थे, जेल में अक्सर अपनी देख–रेख में खाना बनवाते और बनाते, खासकर जब कोई साथी विदा लेते। चित्रा की सहेलियाँ जब घर आतीं उन्हें खाना अवश्य प्रेम से खिलाते। उनके द्वारा बनाया कीमा मटर आज तक इनको याद है।

अक्सर साईकिल से गंगा के किनारे गाँवों में चले जाते। मूँज की चारपाई पर बैठकर उनकी समस्यायें सुनते। निदान करने का प्रयत्न करते। अक्सर अपनी बेटी चित्रा जो पाँच वर्ष की थी उसे भी साईकिल पर बैठाकर ले जाते, समझाते– देखों भारत माता ग्राम वासिनी है जब तक भारत के गाँवों का विकास नहीं होगा, देश का विकास नहीं होगा। मनुष्य की मूलभूत आवश्यकता अन्न है और यही अन्न कृषक अपनी मेहनत से उपजाते हैं, कड़ी गर्मी, बारिश और सर्दी में भी लगा रहता है वह जो कभी जिद करके थाली के अन्न

छोड़ देती हो, उसके परिश्रम की कीमत नहीं है वह अनमोल है। गांव वाले उनका बहुत सम्मान करते। 'दादा' आए बहुत खुश हो जाते, एक बार गन्ने के रस से स्वागत किया गया। गांव में लोटे में ही रस लाया गया। नन्हीं चित्रा को रस लोटे से पीने में बड़ी परेशानी हुई। गिलास ढूँढा गया, तब रस पी सकीं। माँ को पता चला तो बोलीं– लोटे से धार बनाकर पी लेतीं, क्यों सबको परेशान किया। माँ बहुत विदुषी थीं। उन्होंने बेटी को समझाया कि लोटा हमारी संस्कृति का अंग है जबकि गिलास पुर्तगाली लाए थे, लोटे का मुँह गोल होता है, उसका पानी ज्यादा शुद्ध होता है। जब कभी सिन्हा जी अस्वस्थ हो जाते, ग्रामीण उन्हें देखने आते।

आजादी के बाद से वे सत्ता की दौड़ से कोसों दूर रहे, बस उनकी साईकिल दौड़ती कानपुर के एक कोने से दूसरे कोने तक। नीचे वाले हिस्से को नयी शक्ल देकर 'सारा भाई केमिकल' को किराये पर दे दिया ऊपर के हिस्से में बड़े भाई रहते थे। मकान को किराये पर देने से आमदनी होने लगी विजय अब कानपुर बराबर आने लगे। उनके पुराने मित्र उनसे पुनः राजनीतिक जीवन में आने के लिए आग्रह करने लगे। उन्हें काँग्रेस का टिकट दिलवाने के लिए प्रयत्नशील थे। उनका परिवार कानपुर में किसी परिचय का मोहताज नहीं था। भगत सिंह के करीबी साथी जिसे काले पानी की सजा हुई थी। श्री पुरुषोत्तम दास टंडन ने लिखा– सुना है आप सक्रिय राजनीति में आ रहे हैं। यहाँ बहुत भ्रष्टाचार है आप कैसे सहन कर सकेंगे, वैसे मेरी शुभकामनायें आपके साथ हैं। विजय दुविधा में पड़ गये पर काँग्रेस का टिकट मिलते ही उनके मित्र आशावादी हो गये।

उनकी पत्नी राजम्मा और पुत्र अजय जो दस वर्ष का था, उन्हें निर्णय पसन्द नहीं आया उनके विचार से विजय की विचारधारा अलग थी। बड़े भाई राजकुमार भी विरोध में थे उन्होंने कहा, 'हमलोग क्रांतिकारी हैं किसी पद के अभ्यार्थी नहीं और तुम कानपुर

में रहते भी नहीं हो सो यहाँ की समस्याओं से अनभिज्ञ हो।' विजय ने अपनी पत्नी को लिखा– तुम लोग मेरे इस फैसले से खुश नहीं हो पर यदि मैं जीत गया मैं दिल लगाकर पंचायत, कोआपरेटिव और विकास कार्य करूँगा।

श्री नीलम संजीव रेड्डी ने, जो कांग्रेस के अध्यक्ष थे, विजय को टिकट दिलवाया। सबसे बड़ी बात थी कि विजय को बाहरी समझ लिया गया उनके विरोध में एस.एम. बनर्जी जो बंगाली थे, खड़े हुए। विजय के समर्थन में कम भीड़ जुटी वे पैसा नहीं खर्च कर सकते थे। बंगाली भी उन्हें समर्थन नहीं दे रहे थे, सी. बी. गुप्त का दल भी अंदर–अंदर विरोध कर रहा था। जो परिवार सौ वर्षों से कानपुर में रह रहा था, उसके बेटे को बाहरी कह दिया गया।

कानपुर उद्योग नगरी था उस समय भारत का मैनचेस्टर कहा जाता था, एस. एम. बनर्जी को श्रमिक नेता मानकर वोट दे दिया। उस समय हंसिया और हथौड़ा पर मुहर लगी, यद्यपि क्रांतिकारी भी समाजवादी थे, श्री एस. एम. बनर्जी विजयी हुए। जिसका फल आज भी कानपुर भोग रहा है, सारी फैक्ट्रियाँ बंद हो गयीं, उद्योग धंधे दूसरे राज्यों में चले गये। कानपुर की जनता को भी कभी भी क्षमा नहीं किया जा सकता, देश के लिए यातना सहने वालों को भूल गये।

विद्यार्थी जी ने बताया– कोई भी क्रांतिकारी चुनाव नहीं जीत सका है। विजय ने अपनी हार स्वीकार की और कानपुर से चले गये। वोट तंत्र भीड़ तंत्र है। व्यक्ति को देखकर नहीं, बस धारा जिस ओर बह गयी जनता बह गयी, जबकि सिन्हा परिवार स्वच्छ और निर्मल था पर राजनीति के कीचड़ से दूर।

छोटी सी घटना साझा करूँगी, पिता जी आर्डिनेंस फैक्ट्री में उच्च अधिकारी थे, श्री बनर्जी जी आर्डिनेंस फैक्ट्री में ही एक बार एक सज्जन को पिताजी ने चरित्र प्रमाण पत्र देने से मना कर दिया, शायद वे सज्जन गये नहीं, वे बिफर गये, बोले रखिये, अपना प्रमाण

पत्र हम बनर्जी दादा से 5 रु. दे कर ले लेंगे। यह व्यक्तिगत आक्षेप नहीं है बस चरित्र की विशेषता है।

यदि टोपी लगाकर नेतागिरी करना होता तो क्या राजकुमार जो गर्मी में मीलों साईकिल चलाते। भास्कर जी नाना के यहाँ पढ़े। चित्रा से बुआ के बेटे ने कहा तुम्हारे बाबा मेडिकल नहीं पढ़ा पायेंगे तब चित्रा ने मेडिकल साइंस पढ़ने से मना कर दिया।

विजय अपनी पत्नी और बेटे के साथ हैदराबाद में थे। 1958 में जब उनका बेटा अजय स्कूल से लौट रहा था, एक गुल्ली तेजी से आकर उसकी आँख में लगी (गुल्ली डंडा खेल पार्क में हो रहा था, बच्चा सड़क से घर आ रहा था) आँख बाहर निकल आयी वीर पिता के बेटे ने डाक्टर से कहा, अंकल वापस आँख लगा दीजिए' डाक्टर की आँखों में आँसू आ गये। माता–पिता आए – डाक्टरों ने एक स्वर में कहा – बच्चे की आँख अब सही नहीं हो सकती उसे एक ही आँख के सहारे जीवन बिताना होगा।

राजम्मा की कुछ सहेलियाँ आ गयीं, वे विजय के बारे में बच्चे को बताने लगीं तुम इतने वीर पिता की सन्तान हो। विजय ने बेटे की देखभाल के लिए और परिवार नहीं बढ़ाया ताकि अजय पर ही पूरा ध्यान केन्द्रित रहा। 1958 में विजय 'भारतीय इतिहास में क्रांतिकारियों का स्थान पर लिख रहे थे। बारीन घोष, अरविन्द घोश, डॉ. भूपेन्द्र नाथ दत्त जिन्होंने जर्मनी के राजा, कैसर ने प्रथम विश्व युद्ध में वार्ता की थी। राजा महेन्द्र नाथ यूरोप के देशों में मदद के लिये जाते थे।'

विजय कुमार सिन्हा के पुत्र अजय कुमार सिन्हा (रॉबी) ने 1972 में राजनीतिशास्त्र में स्वर्ण पदक लेकर एम. ए. किया। उसे जवाहर लाल विश्वविद्यालय, दिल्ली आगे की पढ़ाई के लिये भेजा गया, उसने 'शान्ता' से विवाह करने की इच्छा प्रकट की, शान्ता के पिता बहुत बड़े चार्टर्ड़ एकाउन्टेंट थे, कॉंग्रेस के नेता थे, लोकसभा सांसद थे। शान्ता उनकी इकलौती पुत्री थी। उनके घरवालों ने बहुत विरोध

किया और शादी में सम्मिलित नहीं हुए, 3 दिसम्बर, 1972 को रॉबी का सादगी से विवाह हुआ।

थोड़े ही दिनों बाद 18 दिसम्बर, 1972 को राजकुमार सिन्हा जी का देहावसान हो गया। कष्टमय जीवन का सफर समाप्त हो गया वे साईकिल चलाते–चलाते चले गये। एक दिन पूर्व लखनऊ में अपनी बहन को देखने जाने वाले थे और स्वयं अनंत यात्रा पर चले गये।

उनके जाने के बाद उनके पुत्र भास्कर ने अपनी माँ से पूछा– माँ सारा जीवन जिस देश की आजादी दिलाने के लिये संघर्ष ही करते–करते ही बाबा कष्ट सहते चले गये, पर देश ने उनके लिये क्या किया? क्या दिया उन्हें? मेरा भी जी करता है कि उनकी तरह हिमालय की कन्दराओं में खो जाऊँ।

माँ ने कहा, हम सभी ने उनके साथ कष्ट झेले हैं। कभी किसी के ध्यान में नहीं आया कि इनके कष्ट के बदले उन्हें कुछ पाना है। उन्होंने देश के लिए अपनी हथेली पर जान रखकर काम किया, उनके लिये, हम सबके लिए संतोष है कि हमने अपनी आँखों से तिरंगा लहराते देखा। उनके कई मित्र तो इस सौभाग्य को बिना देखे, यातनाएं सहते–सहते संसार से चले गये। वे तो त्यागी थे अपनी पेंशन भी त्याग दी। उनके विचार से निस्वार्थ भाव से किये गये किसी कार्य को दिखाने से ही पाप लगता है। तुम्हारी इस बात से उनकी आत्मा को कष्ट हुआ होगा।

प्रकृति सिन्हा अपने पिता, माता और सासू जी की तरह साहसी महिला थीं, जीवन के स्वर्ण काल उनके पति ने जेल में काटे। अकेले संघर्ष करते हुए अपने दोनों बच्चों को अच्छे संस्कार दिये, उचित शिक्षा दी, पुत्र भास्कर डी.आर.एल.एम. में कार्यरत थे।

उनकी पत्नी कल्पना, बैंक ऑफ बडौदा में अधिकारी थीं, दो बेटियों को छोड़कर गये। खतरे से खेलना उनका शौक था, जब भी

श्रीमती प्रकृति सिन्हा

समय मिलता, हिमालय के दुर्गम मार्गों पर यात्रा की, वहाँ के जनसाधारण से मिले। वहाँ के लोगों को नई राह दिलाई। बस जरा सी बीमारी में चले गये, कहा, मैं बीमार नहीं पड़ता, इस बार मुझे ले जाने के लिये बीमारी आई है और सब समाप्त हो गया। प्रकृति सिन्हा एकदम टूट गईं। उन्होंने शैया पकड़ ली। उनकी पत्नी कल्पना बैंक ऑफ बड़ौदा में अधिकारी थीं, दो बेटियों को छोड़कर गये।

विजय कृष्ण बनर्जी डी.आर.एल.एम. में कार्यरत थे। वे रूसी, जर्मन, फ्रेंच और जापानी भाषा के ज्ञाता थे। राजकुमार सिन्हा जी को गुरू मानते थे। उनके जाने के बाद माता प्रकृति से हमेशा मिलने आते, सेवा करते।

महात्मा गांधी सबसे बड़े नेता थे और भगत सिंह हीरो। दोनों ही क्रांतिकारी थे बस अस्त्र अलग–अलग थे। विजय सिन्हा ने लिखा– सशस्त्र क्रांति का प्रारंभ तो 1857 से हो गया था, जो 1947 तक चला, लोगों ने लाठियाँ खाईं, माँ–बहनों पर अत्याचार हुआ। सबसे बड़ी बात आई.एन.ए. के सिपाही 'दिल्ली चलो' का नारा लगाते हुए आगे बढ़ने लगे इसलिए केवल सत्याग्रह को ही आजादी दिलवाने का श्रेय नहीं मिलना चाहिए। विजय स्तब्ध थे– 15 अगस्त को बड़े जोर–शोर से झण्डा फहराया जाता है पर मैडम कामा को कोई याद नहीं करता।

आर्थिक संकट झेलते हुए भी राजकुमार सिन्हा और प्रकृति ने अपने बच्चों को सही संस्कार दिये, सिन्हा सदैव नारी शक्ति का सम्मान करते थे अपनी बेटी चित्रा को भी साहसी बनने की प्रेरणा देते थे। पुत्र भास्कर पढ़ाई में अच्छे थे ननिहाल से बी.एस.सी. की। वहाँ ए.एम.आई.ई. के साथ–साथ इंडोजापानीज प्रोटोटाइप में काम भी

करते थे। 1964 में पिता को दिल का दौरा पड़ा सो कानपुर वापस आना पड़ा। कुछ दिनों तक आई.आई.टी. कानपुर के रिसर्च सहायक का काम किया बाद में डी.आर.एल.एम. में आ गये।

राजकुमार जी बिल्कुल साधारण जीवन व्यतीत करते रहे। अम्बरीश जी ने अपने संस्मरण में लिखा– चाहे कानपुर की कोहरे से भरी ठंड, घनी बरसात हो या तपती धूप हो, वे समय पर साईकिल चलाते हुए डिफेंस लैब में पहुँच जाते। मार्च से पसीना चुहचुहा रहा होता पर रूमाल से पोछते हुए जर्मन की क्लास लेने पहुँच जाते। कई आँखों ने उस दृश्य को श्रृद्धा से अपनी कैद में रखा है पर कैमरे से चित्र नहीं लिया जा सका।

कई अनाथ बालिकाओं को समाज में उचित स्थान दिलवाना, पढ़ाई में मदद की। भरसक प्रयत्न करके विवाह में भी सहायता की, सबकी सहायता करते थे पर स्वयं के लिये तपस्वी ने कुछ कामना नहीं की। यह भी हो सकता है कि क्रांतिकारियों के प्रति सरकार अनुदार रही। सिन्हा बन्धुओं ने अपने भविष्य को भारत माता के भविष्य के लिये समर्पित कर दिया। इन लोगों ने पाने के लिये नहीं देने के लिये जीवन जीया। उन लोगों का एक ही ध्येय था भारत माता को ब्रिटिश पंजे से मुक्त कराना, माँ का वैभव बढ़ता जाये, हम रहें न रहें।

आज चन्द्रशेखर जी की जगह–जगह प्रतिमायें लगायी जा रही हैं, पर उनकी माँ कितनी विपन्न अवस्था में रहीं कितने जानते हैं? माहौर जी और सदाशिव राव ने उनकी देखभाल की। 1950 में श्रीराज्यम् जी को सरकारी नौकरी मिल गई, आर्थिक संकट समाप्त हो गया। विजय की चिरकाल से अभिलाशा थी कि सरकार भगत सिंह पर फिल्म बने।

वे 1950 में श्री हेमेन गुप्त, फिल्मिस्तान के प्रोड्यूसर से मिले। क्योंकि वे 1942 के संघर्ष पर फिल्म बना चुके थे। पर हेमेन गुप्त ने इस कहानी पर ध्यान नहीं दिया। श्री अमृत जी, त्रिवेणी पिक्चर के

निर्माता थे, उन्होंने कहानी पसंद की और एग्रीमेंट लिखा गया कि फिल्म की आय से 50,000 रु. वे सरकार भगत सिंह का स्मारक बनवाने के लिए देंगे। 1952 में फिल्म पत्रिका स्क्रीन में प्रकाशित हुई कि लवली फिल्म्स् सरकार भगत सिंह पर फिल्म बनाने जा रही है।

भगत सिंह का रोल 'प्रीतम' और बलराम साहनी क्रांतिकारी के साथ बनेंगे। गीता बाली भी साइन की गयी थीं। राजन हक्सर नजीर, दुर्गा खोटे अन्य कलाकार थे। सरदार कुलवीर सिंह (भगत सिंह के अनुज) इस प्रोडक्शन से जुड़े रहेंगे, कहानी विजय कुमार सिन्हा की रहेगी (जो भगत सिंह के साथी थे)। फिल्म की शूटिंग लाहौर में होगी जब तक यह प्लानिंग चल रही थी, समाचार पत्रों से पता चला कि दो अलग निर्माता भगत सिंह जी पर फिल्म बना रहे हैं उनकी फिल्म 5 माह में बनकर प्रदर्शन के लिये तैयार हो जायेगी। इस पर लवली पिक्चर ने अपने कदम पीछे कर लिये।

सरदार कुलवीर सिंह ने इन दोनों निर्माताओं को नोटिस भेजा, यह कोई व्यापारिक फिल्म नहीं है, सत्य घटना है। इस बीच पेपर से पता चला कि शिवाजी गणेशम् फिल्म बना रहे थे, उनके पिता क्रांतिकारी थे, इसलिये वे भगत सिंह को अपना हीरो मानते थे। विजय ने शिवाजी को पत्र लिखा, मैं आपके प्रयासों की सराहना करता हूँ आपकी सहायता के लिये तत्पर हूँ। क्योंकि भगत सिंह न केवल मेरे मित्र बल्कि देश के भी हीरो हैं। अगस्त 1954 में विजय ने तत्कालीन सूचना प्रसारण मंत्री को अपने प्रभाव से फिल्म रुकवायी। 31 जुलाई को ब्लिटिज पेपर ने लिखा– जब भगत सिंह के साथी अभी हैं, कितना गलत है दिखाया गया है कि भगत सिंह को फाँसी 1954 में हुई थी। दीदी ने आत्महत्या की जबकि दीदी स्वयं पिक्चर हाल में फिल्म देख रही थीं जबकि 1931 को भगत सिंह, सुखदेव और राजगुरू को फाँसी हुई थी। भगत सिंह चूँकि इस फिल्म के हीरो हैं तो स्त्री मित्र भी होनी चाहिए दीदी चूँकि स्त्री हैं उनका पुरुष मित्र भी होना चाहिए। बकवास, ऐसी फिल्म को सेंसर ने पास कर दिया।

विजय सिन्हा ने कई विरोध पत्र लिखे, श्री केस्कर को, पं. बालकृष्ण शर्मा को, लिखा कि आप लोग मुझे पीड़ा पहुँचा रहे थे। पर विजय कुमार सिन्हा असफल रहे वे सच्ची फिल्म बना नहीं सकें।

चित्रलेखा सिन्हा घोष /शांतिप्रिय घोष

अजय कुमार सिन्हा / शान्ता सिन्हा

भास्कर सिन्हा/कल्पना सिन्हा

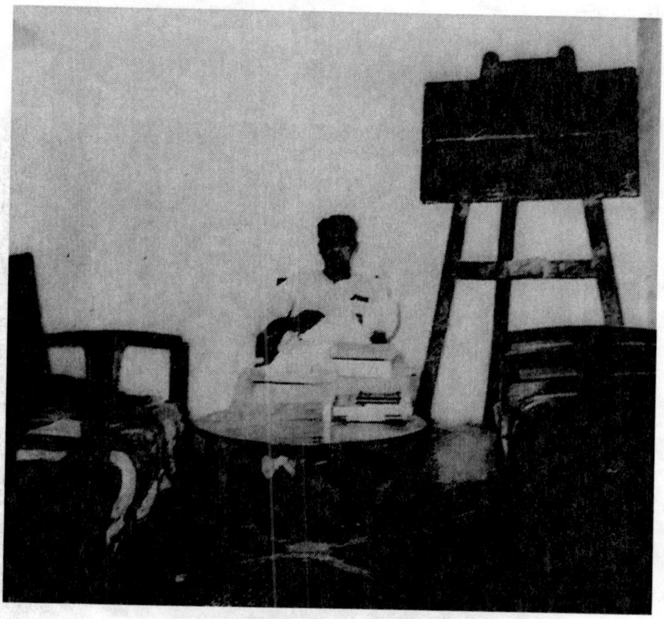

राजकुमार सिन्हा (कक्षा में बैठे हुए)

इनमें से कांटेदार बरछी (Harpoon) कुल्हाड़ी (Cult) थी।

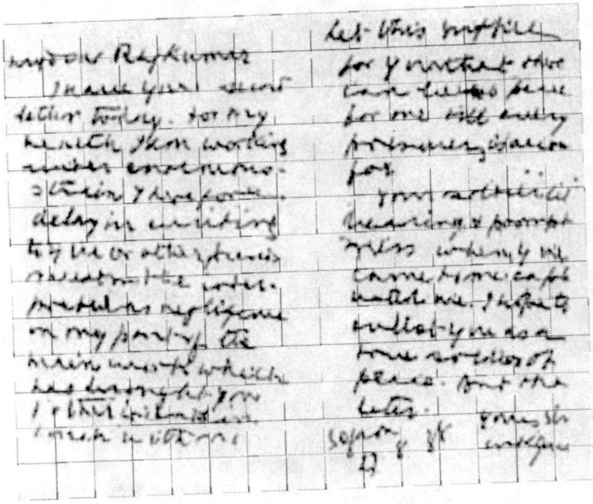

महात्मा गाँधी का लिखा पत्र

राजकुमार सिन्हा एवं प्रकृति सिन्हा

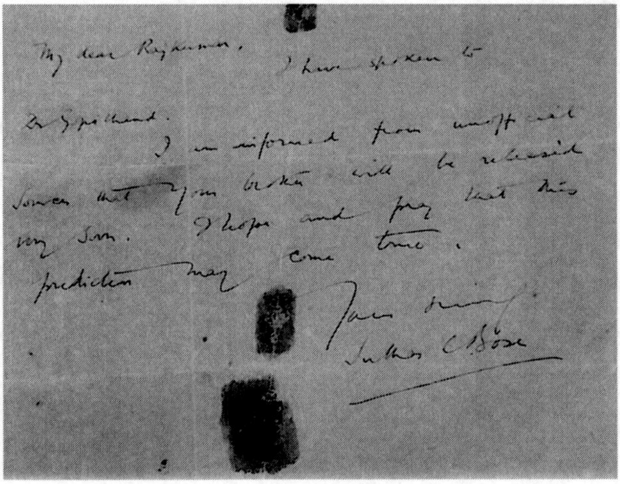

My dear Rajkumar,
I have spoken to
[illegible].
I am informed from unofficial
sources that your brother will be released
very soon. I hope and pray that this
prediction may come true.

Yours sincerely,
Subhas C. Bose

श्री सुभाष चन्द्र बोस का पत्र

स्मृतियाँ

पुष्पा रैना (कौल)– जब मैं और चित्रा, एम.एस.सी. में एक साथ पढ़ते थे, चाचा जी (राजकुमार सिन्हा) पंद्रह समोसे ले आते, 'बेटा खाते जाओ पढ़ते जाओ'। अक्सर सामिश बनाते, मसाले की खुशबू हवा में तैर जाती, उनका बनाया कीमा जिसमें किशमिश डालते थे, आज तक याद है।

माया अहूजा (सहगल)– मैं सेन बालिका विद्यालय में थी, अक्सर उन्हें देखने जाती थी। उनकी बेटी विदेश चली गयी थी तो हम सब सहेलियाँ शून्य भरने की चेष्टा करतीं।

अजंता चढ्ढा (दास)– मैं अक्सर उनके यहाँ जाती थी, एक बार दुर्गा पूजा के समय गयी। बहुत खुश हुए, काकी माँ से बोले– देखो बच्चा आया है, नई साड़ी दो। काकी ने बक्से से फौरन साड़ी निकाल कर दी। सबके प्रति उनका प्रेम कभी भुलाया नहीं जा सकता।

प्रेम नारायण निगम (भूतपूर्व प्रधानाचार्य), डी.ए–वी. कॉलेज– मैंने चाचा जी को हमेशा चैतन्य ऊर्जा से भरा पाया। हम लोगों के लिए प्रेरणा थे। माल रोड़ से बिठूर तक पैदल चले जाते, नाना साहब की मूर्ति को ध्यान से देखते। गंगा जी के किनारे बैठ लहरों को देखते।

कृष्ण कुमार गुप्त–मैं करीब चौदह वर्ष का था, चाचा राधे गुप्ता जी की बड़ी दुकान थी, वहाँ चाचा जी (राज कुमार सिन्हा) प्रायः आई.आई. टी. से लौटकर पसीने से लथपथ आते, साईकिल खड़ी कर अपना

पसीना पोंछते। दोनों खूब ठहाके लगाते साथ में कानपुर में प्रसिद्ध जलेबी समोसे का आनंद लेते। मुझे भी मिलता था। कमरे में चार फीट ऊँची टांड थी, जिस पर पेपर करीने से रखे रहते थे, वे कभी पेपर बेचने नहीं देते थे, उस समय भी सात पेपर लेते थे। बहुत से पेपर में उनके लेख प्रकाशित होते थे। उनका विचार था– क्रांतिकारी अपने कर्तव्य के लिये गुमनाम रहकर बलिदान होने के निश्चय से बचते हैं।

अम्बरीश मिश्र– उनके पुत्र श्री भास्कर सिन्हा मेरे साथ डिफेंस लैब में कार्य करते थे। भले ही कोहरे से भरा जाड़ा हो, घरघेर बरसात हो या कानपुर की तपती धूप हो, लैब में जर्मन भाषा सिखाना साधारण सी साईकिल चलाते पहुँच जाते। ठीक समय तीन बजे मैं उनके आवास पर माँ प्रकृति जी को सर्टीफिकेट देने के लिये गया। मात्र 300 रु. प्रतिमास पेंशन, भास्कर जी अक्सर हिमालय की दुर्गम यात्रायें करते, मैं भी उनके साथ कई यात्राओं में गया था।

आशा सिंह– डी.ए–वी. कालेज, कानपुर वनस्पति विज्ञान का प्रथम वर्ष प्रत्येक से सवाल जबाव किये जा रहे थे।

नाम– चित्रलेखा सिन्हा

प्रश्न– कितने भाई बहन हो ?

उत्तर– भाई जो मुझसे आठ वर्ष बड़े हैं।

मैंने पूछा– 'इतना अंतर कैसे' ?

उसने हँसकर कहा– मेरे पिता जेल में थे।

मैं आसमान से गिरी– 'तुम राजकुमार सिन्हा जी की बेटी हो ?'

सबने आश्चर्य से मुझे देखा, मैंने कहा– राजकुमार जी को काकोरी काण्ड में दस वर्ष की सजा हुई थी। 1968 की बात है, उस समय राजकुमार जी साईकिल से डी.ए–वी. कॉलेज फ्रेंच, जर्मन और रशियन भाषायें पढ़ाने आते। वहाँ से एच.बी.टी.आई., नवाबगंज,

आई.आई.टी. और डिफेन्स लैब में जाते थे। सबसे बड़ी बात यह यात्रा साईकिल पर तय करते थे। डी.ए–वी. कॉलेज में मैंने उनके दर्शन किये थे। लम्बे मृदुभाषी प्रौढ़ावस्था में रखते हुए कदम। उस समय भी इतना साहस था कि दूरी साइकिल से तय करते।

उनकी पुत्री चित्रा यदि मेरी सहपाठिनी न होती तो इतना उनके बारे में नहीं जान पाती।

राजकुमार जी की पुत्री का विवाह श्री शांतिव्रत के साथ 15 नवम्बर, 1970 को हुआ था, वे अब कनाड़ा में रहती हैं। जून, 1971 में चित्रा भी कनाड़ा चली गयी। एयरपोर्ट पर सारा परिवार अश्रु बहाते हुए खुश था। भास्कर के साथ अजय (राबी) भी आया था।

राजकुमार सिन्हा जी की पुत्री चित्रलेखा का विवाह

सैनिक

दिसम्बर १९३० ई०

कहानी—

आजादी की मतवाली बकरियां

×अनुवादक—श्री राजकुमार सिन्हा

सेगुईन साहब को बकरियाँ पालने का बड़ा शौक था। लेकिन वे बड़े अभागे। जो बकरियाँ वह लाते उनमें से अधिकतर गुलामी का जीवन पसन्द नहीं करती थीं। मौका पाते ही वे रस्सी तोड़ कर पहाड़ की तरफ भाग जाती थीं। लेकिन बकरियों को आजादी नहीं मिलती थी क्योंकि भेड़िये पहाड़ों में उन्हें चट कर जाया करते थे।

इन जानवरों की आदत से सेगुईन साहब परिचित नहीं थे। उन्होंने मनमें विचारा "दो न दो बकरियाँ हमारे घर एक सी जाती हैं। आइन्दा से दूसरी दूसरी तरह से देख-भाल करूँगा।"

अभी तक लगातार छः बकरियाँ खोई जा चुकी थीं। सेगुईन साहब अब सातवीं लाये। इस मर्तबा उन्होंने एक बच्चे को चुना ताकि उसकी बुरी आदतें बदली जा सकें। यह बड़ी प्यारी चीज थी। छोटे-छोटे पैर सुन्दर आँखों का एक जोड़ा। देखने से ऐसी इच्छा होती थी कि गोद में उठा लें।

सेगुईन साहब ने इस बकरी को अपने मकान के पीछे खुली हवा में एक बाड़े के अन्दर रक्खा। उसके गले में उन्होंने बहुत लम्बी पतली रस्सी बांध दी ताकि वह मज़े से खेल कूद सके। बीच-बीच में सेगुईन साहब उसे देख जाते थे। बकरी भी खुश मालूम होती थी। उसको घास खाते देखकर मालिक का तबियत फड़क उठती थी।

उन्होंने सोचा—"चलो! यह मेरे यहाँ टिक गई।"

लेकिन सच बात यह थी कि साहब धोखा खा रहे थे।

× × ×

एक रोज़ दूर के पहाड़ को देख कर बकरी सोचने लगी—

"भाड़ में जाय मेरा यह जीवन। क्या मज़ा आता यदि इसी समय मैं पहाड़ में घूमती होती। ससुरे ने गले में रस्सी बांध रक्खी है। क्या मैं बैल हूँ या गधा?"

अब उसने अनशन आरम्भ कर दिया। उदास आँखों से वह पहाड़ की तरफ देखती रहा करती। दिन-ब-दिन वह दुर्बल होती गई। दूध देना भी बन्द हुआ। बीच-बीच में रोनी आवाज से वह मैं-मैं किया करती।

साहब को कुछ सन्देह हुआ कि पेंदे में कुछ काला है पर साफ-साफ वह कुछ समझ नहीं सके। एक रोज़ दूध न मिलने के बाद जब झुंझला कर वह मकान की तरफ जा रहे थे बकरी ने कहा—"सुनिये सेगुईन साहब! अब मुझे आपके यहाँ अच्छा नहीं लग रहा है। आप मुझे छोड़ दीजिये मैं पहाड़ का प्रवास करूँगी।"

आश्चर्य चकित होकर साहब ने कहा, "तू भी? तू भी? हाय! तू भी मुझे छोड़ने को तैयार हो गई?"

—"मुझे दुःख के साथ कहना पड़ रहा है कि बात ऐसी ही है।"

—"तुझे क्या यहाँ घास नहीं मिलती?"

—"सो क्यों नहीं मिलती?"

—"तो क्या रस्सी और भी ढीली कर दूँ?"

—"नहीं वह कोई ऐसी बात नहीं है।"

—"तो फिर क्या चाहती है? किस चीज का अभाव है?"

—"मैं तो केवल पहाड़ जाना चाहती हूँ।"

—"तुझे पता है, वहाँ भेड़िये रहते हैं?"

—"मैं उनको सींग से समझ लूँगी। मेरे सींग किस लिये हैं?"

—"सही नहीं! भेड़िये तुझसे ऐसे सींगों के सींगों को चबाते हैं। मेरे ऐसे कितनों को उन्होंने खा लिया है।"

—"कुछ भी हो आप मुझे छोड़ दीजिये।"

—"यह मैं नहीं होने दूँगा। मैं तुझे भेड़िये के पेट में नहीं जाने दूँगा। आइन्दा से तुझे कमरे में बन्द करके रखूँगा।"

साहब ने उसे एक कमरे में रख कर दरवाजा बन्द कर दिया। लेकिन खिड़की बन्द करना भूल गये। उनकी पीठ के फिरते ही बकरी निकल भागी।

प्यारी बकरी पहुँची हुई पहाड़ पर थी। सारी जड़ हरियाली थी ... थी। जितने भी पेड़ थे उन्होंने ऐसा सुन्दर जीव कभी नहीं देखा था। उसका उन्होंने ऐसा स्वागत किया मानों वह कोई उनकी रानी हो। अपनी-अपनी शाखाओं को नीचे करके रानी को छूने का लोभ वे दमन नहीं कर सके।

तमाम पहाड़ में खुशी की लहर फैल गई।

बकरी सोचने लगी—"सेगुईन साहब कैसे बेवकूफ थे! क्या इस स्वर्गीय जीवन की भी तुलना किसी चीज से हो सकती है? दिगन्त तक फैली हुई यह शोभा कहां देखने को मिल सकती है? मानों प्रकृति ने दुनियाँ भर के सब फूलों को मेरे ही लिए यहाँ इकट्ठा कर रक्खा है। पहाड़ क्या यह तो बगीचा है!"

बकरी मारे खुशी के सब पैरों को ऊपर करके हरी ज़मीन पर लोटने लगी। फिर यकायक वह खड़ी हो गई और दौड़-दौड़ कर चारों तरफ जाने लगी। अभी यहाँ है तो अभी वहाँ। मानो सेगुईन साहब की दस बकरियाँ पहाड़ पर सैर करती हों।

बकरी मस्त हो गई थी। उसको डर ही किस का था? उसने पहाड़ के बीच से गुज़रते हुए कितने ही जलस्रोतों को एक-एक छलांग से पार किया। एक-आध जगह उस पर पानी का छींटा भी लगा। वह एक चट्टान पर अपने बदन को धूप से सुखाने के लिए लेट गई। एक ऊँचे जगह से यकायक

×यह कहानी फ्रांस के एक प्रसिद्ध कलाकार मो० आलफोंस दोदे की लिखी हुई है।

स्वर्ण–प्रभात

(लेखक—श्री० बजरंगलाल सुरतानिया)

बढ़ाये पैर चलो हे वीर !

कभी तो होगी आशा पूर्ण, कभी तो होगा स्वर्ण प्रभात।
कभी नयनों में होगा हास, हृदय में छायेगा उल्लास।
कभी ये सूर्य कभी ये चाँद, हमारी होगी अपनी वस्तु।
कभी हम होंगे भी उन्मुक्त, कभी देखेंगे स्वर्ण प्रभात॥

बढ़ाये पैर चलो हे वीर !

कभी तो सब होगा भी दूर, कभी हम होंगे सबकी भूल।
कभी तो अपने भी उद्गार बनेंगे उजला सुखी स्वरूप।
कहेंगे अपनी है यह वस्तु, नहीं छू सकते जिसको आप।
कभी तो होगी पूरी साध, कभी तो होगा भी उत्थान॥

बढ़ाये पैर चलो हे वीर !

कभी हम होंगे सुख से पूर्ण, करेंगे अपना शासन आप।
कभी हम होंगे भी इस योग्य, देश पर सब दें अपना स्वार्थ।
कभी तन भी होगा आज़ाद, कभी मन भी होगा आज़ाद।
कभी हम भी होंगे आज़ाद, तभी तो होगा स्वर्ण प्रभात॥

बढ़ाये पैर चलो हे वीर !

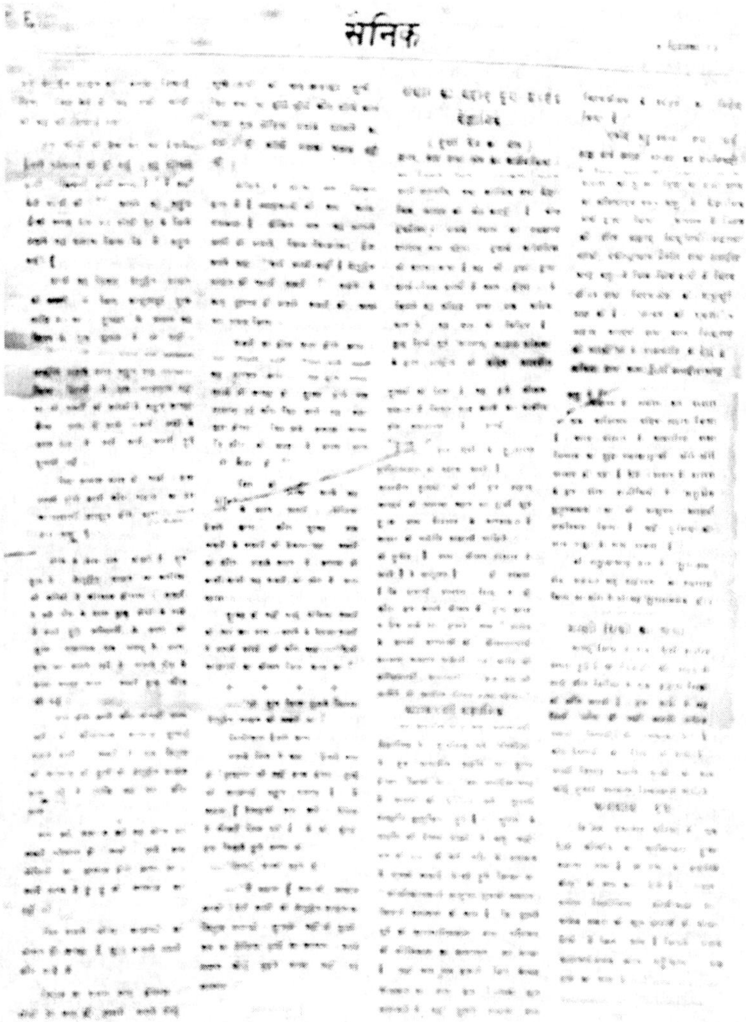

सैनिक

६ सैनिक ११ अप्रैल १९३० ई०

क्रान्तिकारी कौन है ?

(लेखक—राजकुमार सिनहा)

"क्रान्ति-चिरंजीवी हो" या "इन्क़लाब ज़िन्दाबाद" के नारे आजकल देश में जहाँ तहाँ अनवरत सुनाई पड़ते हैं। आज से दस साल पहले अवस्था ऐसी नहीं थी। ये नारे राजनीति के क्षेत्र में परिवर्तित अवस्था के सूचक हैं—इनमें विशाल जनसमुदायों की अतृप्त आकांक्षाओं का प्रतिबिम्ब है। इतिहास के किसी भी विद्यार्थी के लिये या किसी ऐसे के लिये जो उस विराट् आन्दोलन में समाया हुआ हो, जो देश को उन्नति के पथ पर अग्रसर करने को तुला हुआ है, यह समझना अत्यावश्यक है कि देश क्रान्तिकारी भविष्य की तरफ़ जा रहा है।

क्रान्ति के नारे

परन्तु साथ ही हमको यह भी याद रखना चाहिए कि आजकल के क्रान्ति के नारे एक प्रकार से क्रान्तिमय आदर्शों के प्रति श्रद्धाञ्जलि हैं। जो ये नारे लगाते हैं उन सबको क्रान्तिकारी समझ लेना बड़ी भूल होगी। कुछ लोग बहाव में पड़कर यान्त्रिक ढंग से नारे लगाते हैं। वे "इन्क़लाब ज़िन्दाबाद" के नारे के साथ ही कुछ ऐसे नारों का भी उच्चारण करते हैं जिनका क्रान्ति से कोई सम्बन्ध नहीं है। क्रान्ति के विचारों के प्रति श्रद्धालु होने से ही कोई क्रान्तिकारी कहलाने का अधिकारी नहीं हो जाता है।

जीवन में अक्सर ऐसा देखा गया है कि एक मनुष्य जिसकी अपनी चिन्तन शक्ति बहुत ऊँचा है, चिन्तन के क्षेत्र में किसी दिग्गज के प्रति अतीव श्रद्धावान है। वैज्ञानिक आईन्स्टाईन के सामने दुनियाँ के जो असंख्य आदमी सर झुकाते हैं, उनमें से कितने वैज्ञानिक हैं या विज्ञान के आगार में आईन्स्टाईन के अनुपम दानों की मर्यादा को समझते हैं? तात्पर्य यह कि मूर्ख होकर भी कोई विद्वान की श्रद्धा कर सकता है। रवीन्द्रनाथ की सर्वोत्तम कविताओं के तत्व को समझने में असमर्थ होकर भी लोग उन्हें "कवियों के राजा" की उपाधि दे सकते हैं।

इसी प्रकार स्वयं क्रान्तिकारी न होकर भी लोग क्रान्तिकारी नारे लगा सकते हैं।

यदि क्रान्तिकारी नारों का लगाया जाना क्रान्ति के लाने में सहायक है;—जैसा कि मैं समझता हूँ कुछ हद तक वे अवश्य हैं—तो इससे यह निष्कर्ष निकलता है कि क्रान्तिकारी न होकर भी लोग क्रान्ति का समर्थन करते हैं।

रूस का महाविप्लव

१९१० में रूस में महा विप्लव हुआ। लाखों ने अपना सर्वस्व स्वाहा कर दिया और क्रान्ति को सफल बनाया। इन लाखों में से मैं हर एक को महात्यागी, शूरवीर और अपने योगदान से इतिहास को समृद्ध करने वाला दलित मानव का महान् सेवक कहूँगा। परन्तु हर एक को क्रान्तिकारी न कह कहूँ? क्रान्तिकारी तो मैं उसी को कहूँगा जिसने क्रान्ति की है, उसे भरपूर समझे, जीवन में यथासम्भव क्रान्तिकारी विचारों को अपनाये और देश-काल के तकाज़े के मुताबिक़ उसके लाने में सहायक हो।

मेरे एक मित्र हैं। यह सज्जन बड़े भावुक हैं। देश के लिये जिन्होंने अपने को बलिदान कर दिया, ऐसे बहुत से युवकों की याद करके आप आँसू बहाते हैं। जहाँ तक आँसू के पीछे इनकी ईमानदारी का प्रश्न है, मैं उनका कायल हूँ। परन्तु यह सब होते हुए भी इनके बहुत से विचार अशान्त और घृणित हैं। इन्हें अपनी स्त्री का परदे से बाहर आना या किसी ऐसी बाते से झगड़े के बारे में बात करना बरदाश्त नहीं। समय-समय पर, हमारे कुछ रोग-ग्रसित समाज में, जैसा आम तौर पर हुआ करता है, मेरे यह अभागे मित्र अपनी स्त्री पर प्रहार भी करते हैं। मैंने इनको बहुत समझाया पर इन्होंने अपना रवैय्या नहीं बदला। घुमा-फिराकर आप एक ही बात कहते हैं, "शूद्र, गँवार, ढोल, पशु, नारी, यह सब ताड़न के अधिकारी।"

देश में यदि क्रान्ति के लिये कोई महान् प्रचेष्टा की गई तो मुझे पूर्ण भरोसा है कि मेरे यह मित्र उसमें हिस्सा लेंगे। यह कुछ भी करें, यहाँ तक कि क्रांति के काम में बरबाद भी होजायें, लेकिन जब तक अपनी स्त्री के प्रति किये हुए अपने व्यवहार को महा-अन्यायपूर्ण, प्रतिक्रियाशील या निन्दनीय समझना नहीं सीखते, मैं इन्हें क्रान्तिकारी कभी नहीं कहूँगा। प्रशंसापूर्ण दूसरे विशेषणों का अवश्य व्यवहार करूँगा।

क्रान्तिकारी मनोवृत्ति

प्रतिक्रिया और क्रान्तिवाद का प्रचण्ड संग्राम इस वक्त स्पेन में हो रहा है। झगड़े के प्रारम्भ में मेड्रिड के बहुत से दकियानूसी अख़बार बन्द करवा दिये गये, जैसा कि होना भी चाहिये था। जिन नेताओं ने ऐसी नीति ग्रहण करनी तय की, जिन्होंने उस नीति को अमल में लाने के लिये सरकारी ढांचा खड़ा किया, जिन्होंने उन अख़बारों के दफ़्तरों पर कब्ज़ा करने का हुक्म निकाला, या जिन सिपाहियों ने हथियार से लैस होकर धावा बोला, या जिन्होंने लाल झण्डे उन अख़बारों के दफ़्तर पर फहराये; उन सब ने क्रान्ति को सफल होने के लिये एक आवश्यक काम किया। लेकिन बावजूद इसके कि इन सब की मानसिक वृत्तियों में काफ़ी अन्तर रहा होगा, किसी ने अपने अफ़सर को खुश करने के लिए अपार उत्साह दिखाया होगा तो किसी ने बिलकुल एक निर्जीव यन्त्र की तरह भावनाहीन होकर यानी उस काम के महत्व को बिलकुल न समझकर अपना तात्कालिक कर्तव्य निभाया होगा, कुछ ऐसे भी रहे होंगे जिनको पादरियों की बेतुकी प्रशंसा में उच्छ्वास भरे विचार, जो उन अख़बारों में प्रकट हुआ करते थे, ज़रा ही स्वाभाविक न जँचे हों। क्रान्तिकारी मनोवृत्ति उन्हीं की थी जिन्होंने उस नीति को अपनाना तय किया था उस नीति की आवश्यकता के कायल थे।

सम्भव है इसीलिये राजनीति में अक्सर लोग कहते हैं, किसी के दिल में क्या है उससे हमें मतलब [illegible] [illegible] बुराई पर दृष्टि देना है।

\+ \+ \+ \+ \+ \+ \+

अन्तर्राष्ट्रीय युवक संघ

गत नौ वर्षों से फ्रान्स की राजधानी पेरिस में अन्तर्राष्ट्रीय युवक संघ नाम की एक युद्ध विरोधी संस्था विभिन्न देशों के निवासियों के बीच मैत्री का सम्बन्ध कायम करने के कार्य में संलग्न है। इस संस्था के सदस्य ऐसे बहुत से पेरिस में अध्ययन करने वाले छात्र हैं जो दुनिया के विभिन्न देशों के रहने वाले हैं। चन्द दिन हुए इस संस्था की ओर से हिन्दुस्तानी सदस्यों को एक मान-पत्र भेंट किया गया। मान-पत्र के उत्तर में भारतीयों की तरफ़ से श्री बालकृष्ण केसकर ने एक छोटी सी वक्तृता दी। [illegible] भारतीय छात्र संघ के सभापति भी हैं।⊛ उनकी वक्तृता का कुछ अंश यहाँ पर उद्धृत किया जा रहा है।

"मेरे प्यारे साथियो

"अन्तर्राष्ट्रीय युवक संस्था और उसके योग्य मन्त्री को धन्यवाद देने के पहले मैं अपने हिन्दुस्तानी मित्रों की तरफ़ से यह कहना चाहता हूँ कि आपने जिस स्नेहपूर्ण ढंग से हमारा स्वागत किया है उसका हमारे हृदय पर बड़ा असर पड़ा।

"वर्तमान युग में अन्तर्राष्ट्रीय स्थिति बड़ी नाज़ुक सी अवस्था को पहुँच गई है। जिधर देखिये तरह-तरह के आदर्शों का प्रचार हो रहा है। कोई किसी विशेष मनुष्य जाति की श्रेष्ठता की दुहाई देते हैं और कहते हैं इन जातियों का दूसरी जाति को पदानत करना धर्म है। कुछ लोग नग्न साम्राज्यवाद के गीत गाते हैं और बेधड़क कहते हैं कि कुछ चुने हुए देशों का यह पूर्ण अधिकार है कि वे दूसरे देशों पर शासन करें। कुछ ऐसे लोग भी हैं जो एक तन्त्रवाद के भक्त हैं। देशों के बीच

(शेष पृष्ठ २६ पर)

⊛ श्री केसकर फ्रांस में 'सैनिक' के प्रतिनिधि हैं। —सम्पादक

२६ सैनिक २० अप्रैल १९३७ ई०

(६ पृष्ठ का शेष)

सहभागिता का होना तो दूर रहा चारों तरफ शत्रुता बढ़ रही है। शस्त्रीकरण ऐसी तेज़ी से हो रहा है जैसा दुनिया के इतिहास में कभी देखने में नहीं आया :

"मेरा यह पूर्ण विश्वास है कि यदि मनुष्य जाति का एक अंग दूसरे अंगों को समझना सीखे तो उसके परिणाम में सद्भावना का काफी प्रचार होगा। एक जाति का दूसरी जाति के संस्पर्श में आने का जितना अधिक मौका मिले उतना ही अच्छा। हमारा संस्पर्श सामयिक न होकर स्थायी होना है।

"आपने जिस उद्देश से प्रेरित होकर हमारा स्वागत किया है उसके ऐतिहासिक महत्व को हम महसूस करते हैं। मैं शान्ति के गूढ़े वातावरण को, जिसके अन्तर्नीतिज्ञ बड़े कायल हैं, एक मक्कारी की चीज़ समझता हूँ। मैं विभिन्न मनुष्य जातियों के बीच, या प्राच्य और पाश्चात्य के बीच ऐसे भाईचारे के सम्बन्ध में विश्वास करता हूँ जो न्याय और मनुष्यों के समान अधिकारों के विचारों से ओत-प्रोत हो। मेरा ख्याल है, ऐसे सम्बन्धों की स्थापना करना विश्वशान्ति के लिये अत्यावश्यक है।

"हमारे आज के इस छोटे से समुदाय का कार्य विश्वशान्ति की विराट् समस्या के सुलझाने में कुछ सहायता दे सकता है, यह बात यदि मैं कहूँ तो सम्भव है आप मुझे कुछ अहंकारी समझें। परन्तु मेरा यह दृढ़ विश्वास है कि दुनिया के विभिन्न देशों की छोटी-छोटी टुकड़ियों की सदिच्छा से ऐसा एक महान् आन्दोलन उठ खड़ा हो सकता है, जिसकी चेष्टाओं से उक्त समस्या का निराकरण हो जाय। इतिहास के बड़े-बड़े आन्दोलनों का प्रारम्भ छोटा और साधारण ही हुआ करता है। मानव जाति की असली सेवा करने के महान् उद्देश से स्थापित अन्तर्राष्ट्रीय युवक संघ को एक बार फिर मैं इसलिये धन्यवाद देता हूँ कि उस संस्था ने हमें उनके साथ सहयोगिता प्रदर्शित करने का अमूल्य अवसर दिया है।"

"सेरकेड कोऑपरेशियोनाल द नेशेस" से अनुवादित। —लेखक

सांज की हवा के झोंकों की तरह ठंडक देनेवाला विश्रांतिमय और सुवासिक . . .

VINOLIA White Rose SOAP

VINOLIA CO. LTD., LONDON, ENGLAND

स्वदेशी रजिस्टर्ड छाप

आरोंदा नीलगिरि तेल

ARONDA NILGIRI EUCALYPTUS OIL

INDIAN-SUN BRAND

गर्मी में अम्हौरी, पिरकी, लू, जपट, खुजली, घाव व पिनहीं इत्यादि; बरसात में सर्दी, जुकाम, हैजा, मलेरिया, आँव, डे, दस्त, दाद, खाज, खुजली, फोड़े, फुन्सी, बरसाती कीड़े, जहरीले कीड़े, बिच्छू, सूजन, फूलन, गठिया वात, हड्डियोंके जोड़ोंमें दर्द और जाड़ेमें इन्फ्लुएन्जा ठंड, खाँसी, सर्दी तथा हर मौसममें दांत, दाढ़, कान तथा पेटके दर्दसे और बवासीर, कान में कोई कीड़ा घुस जाने, चोट लग जाने, जल जाने वगैरः व्याधियोंसे लोग बहुत हैरान होते हैं। आरोंदा तेल सब तकलीफ दूर करता है। बच्चे, बूढ़े, स्त्री, पुरुष सबको फायदा पहुँचाता है। एक चौंशकी शीशी ।) दर्जन २॥) डा०ख० अलग। पता—खांडालेकर बन्धु (क) बंबई नं० ४

एजेन्ट—के० एल० वर्मा, एम० ए०, रामगली, रायपुर सी०पी०

२ सैनिक २० नवम्बर १९३७

अभागा चीन

[लेखक—श्री ग... सिन्हा]

चीन-जापान के युद्ध को कई महीने हो गये। इस बीच में जो कुछ हुआ वह बड़ा ही हृदय विदारक है। चीन ने अपनी तमाम शक्ति को इकट्ठा करके दुश्मन का मुकाबला किया परन्तु इतिहास का यह क्रूर परिहास है कि उसकी एक नहीं चली। जापानी साम्राज्यशाही के किरायेदार गुण्डों ने बड़ी बेशर्मी के साथ आतंकवाद का सहारा लिया। बच्चे बूढ़े और औरतों का दिन-दहाड़े क़त्ल किया गया। इतिहास और संस्कृति की कितनी ही महामूल्य इमारतों को जान-बूझ कर नष्ट-भ्रष्ट कर दिया गया। जापान चीन के विश्वविद्यालयों पर बहुत नाराज था। इन ... शिक्षा-केन्द्रों में अध्ययन करके ही चीनियों ने साम्राज्यशाही जापान को अपना दुश्मन समझना सीखा था। चीन के जिस बड़े हिस्से पर जापान ने कब्ज़ा कर लिया है वहाँ के सब विश्वविद्यालयों को हवाई गोलाबारी से खंडहरों में बदल दिया गया है। चीन के दिल में दहशत लाने के लिये जापान ने युद्धक्षेत्र से हज़ारों मील दूर के शहरों पर हवाई जहाज़ों से हमला किया। जापान ने जितनी जल्दी अपने लक्ष्य को पहुँचने का इरादा किया था वैसा यदि नहीं भी हुआ तो भी यह कहा ही जायगा कि उसकी अवश्य विजय हुई।

युद्ध के प्रारम्भ होते ही मांचुकुओ में स्थित जापानी फौजों ने उत्तर चीन और भीतरी मंगोलिया पर धावा बोल दिया। जापान का स्टीम-रोलर आगे बढ़ता ही गया। चीन की प्राचीन राजधानी पेकिंग पर जिसे पाइपिंग भी कहते हैं उसने देखते-देखते कब्ज़ा कर लिया। सिकइयांग प्रान्त के उस हिस्से में भी उसने अपना झण्डा गाड़ दिया जहाँ से होकर कारवाँ का वह प्राचीन रास्ता गुज़रता है जिसके द्वारा रूस और चीन का अतीत का सम्बन्ध कायम रहता था। इस रास्ते पर दुश्मन का कब्ज़ा हो जाने से चीन का बहुत नुकसान हुआ। उसके वर्तमान मुसीबत के दिनों में रूस ही एक ऐसी विदेशी ताकत है जो उसको अस्त्रशस्त्र से मदद कर सकता है। उपर्युक्त रास्ता बन्द हो जाने से रूस की तरफ से कोई मदद पहुँचना यदि असम्भव नहीं तो बहुत कठिन हो गया। यह सौभाग्य की बात है कि हवाई जहाज़ एक ऐसी चीज़ है जो रूस से आसमानी रास्ते से भी चीन पहुँच सकता है। उत्तर चीन के चार बड़े-बड़े प्रान्त शानसी, हिपी, शानटुंग और कियांगसू के एक बड़े हिस्से को जापान अपने अधीन कर चुका है।

नानकिंग का जगत प्रसिद्ध शहर जो कि चीन की राजधानी था आज जापानियों के हाथ में जा रहा है। उत्तर चीन का यह हिस्सा ऐतिहासिक दृष्टि से चीन के लिये सबसे महत्वपूर्ण है। इसके अतीत के उज्ज्वल इतिहास का यह पीठ-स्थान था। चीन में एक ही बड़ी रेलवे लाइन है। यह लाइन प्रायः दो हज़ार मील लम्बी है और कैन्टन से पेकिंग तक आती है। इस लाइन के पाँच सौ मील पर जापान का कब्ज़ा हो गया है। चीन के जिस हिस्से पर जापानियों का इस वक्त शासन है उसका क्षेत्रफल मंचूरिया का ... है यानी मंचूरिया और अबीसीनिया की घटना के बाद यह तीसरी घटना है जब कि एक साम्राज्यशाही ताकत ने दिन-दहाड़े पराये देश को निगल लिया।

चीन से प्रेम करने वाले कहते हैं कि खूब मुस्तैदी से लड़ा। जापान के दाँत खट्टे हो गये। कुछ अभिज्ञ लोग यह भी कहते हैं कि अन्त तक जापान का आर्थिक ढाँचा युद्ध के भार को वहन नहीं कर सकेगा और उसकी हार हो जायगी। इन अभिज्ञ लोगों की भविष्य-वाणी अबीसीनिया के बारे में गलत साबित हो चुकी है। यह सत्य छिपाने की आवश्यकता नहीं है कि साम्राज्यवाद की काफ़ी जीत हुई है। इसका कारण ढूँढ़ निकालना है वरना इतिहास की भ्रान्त धारणा हमारी दृष्टि को धूमिल कर देगी।

यह बात साफ़ ज़ाहिर है कि अभी चीन के पास वह शक्ति नहीं थी जिस पर भरोसा करके वह जापान से लड़ा। जापान से लड़ने की दुर्दमनीय इच्छा चीन में गत दो-तीन सालों में प्रकाश में आई है। इस इच्छा के पीछे उत्साह अधिक था और ताकत कम।

नौजवानों ने जलूस निकाला, नारे लगाये। सरकार पर यह तोहमत लगा... कि वह जापान के हाथ बिक गई है इसलिए युद्ध नहीं छेड़ती। इसमें कोई शक नहीं यदि उनके कहने के मुताबिक उन्हीं दिनों में युद्ध छेड़ दिया जाता तो सारे चीन पर जापान शासन करता। आज चीन पहले से बहुत ताकतवर है फिर भी उसकी ऐसी गति हुई। अर्थात् वर्तमान में चीन की तरफ से ऐसा कोई कार्य नहीं होना चाहिए था जिससे जापान को युद्ध छेड़ने का मौका मिलता। उस चीनी ने जिसने युद्ध छिड़ने के चन्द रोज़ पहले ही जापानी जहाज़ी मल्लाहों का कत्ल देशभक्ति के भाव से प्रेरित होकर किया उसने अपने देश के प्रति महान अन्याय किया। और यदि उस चीनी को जनता ने अपने जोशीले नारों से प्रेरणा दी तो समझना चाहिए चीनी जनता ने महापाप किया। वास्तवदर्शी न होकर अपनी ताकत का ऊँचा अन्दाज़ा लगा कर आग में कूदने की ऐसी बेवकूफ़ी बड़ी बुरी चीज़ है।

इतिहास में किसी एक देश के लिये ऐसा एक ज़माना आ सकता है जब कि गर्म को अपना प्यारा कहने की नीति बरतनी पड़े। चीन का यह युग आन्तरिक संगठन का था। उसे तैयारियाँ करनी थीं—इस बात की नहीं कि यदि जापान लड़ाई आरंभ करे तो उसे आगे न बढ़ने दिया जाय बल्कि इसलिये तैयारी करनी थी ताकि चहार, जेहाल, मंचूरिया और कोरिया से जापान को खदेड़ दिया जाय। जब तक चीन इस काम के लिये पर्याप्त शक्ति संचय नहीं कर लेता तब तक उसके लिये आवश्यक था कि जापान को वह न चिढ़ाये। चीन के पास प्रचण्ड शक्ति अर्जन करने के लिए ... इसका मौका था और वह युद्ध छेड़ने का। एक बहाना ढूँढ़ रहा था। वह बहाना उसे एक गैर-ज़िम्मेदार चीनी के उपर्युक्त काम से मिल गया।

चीन के भाग्य चांगकाई शेक अभी तक शत्रुता की जो नीति चीनी कम्यूनिस्टों से बर्त रहे थे उसने उन्होंने चीन के असली हित को बहुत धक्का पहुँचाया। चीन की अधीन सामरिक शक्ति इनके दबानेकी चेष्टा में नष्ट ... होगई और आख़िर तक ये दबाये भी नहीं जा सके। जब जापान ने मंचूरिया पर हमला किया तब चीनी कम्यूनिस्टों ने यह प्रस्ताव किया था कि उन्हें भी जापानियों से लड़ने दिया जाय। उनकी इस प्रार्थना की चांगकाई शेक ने उपेक्षा की। यदि कम्यूनिस्टों के लाखों सिपाही जापान से उन दिनों मोर्चा लेते तो सम्भव था जापान पूरे मंचूरिया पर दखल नहीं कर पाता।

अभी तक कम्यूनिस्टों का शेनसी प्रान्त में बोलबाला था। यह खुशी की बात है अब उनसे चांगकाई शेक ने दोस्ती करली है। चीन के मार्क्सवादी कम्यूनिस्ट अब पक्के देशभक्त होकर जापान को शानसी प्रान्त के पश्चिमी सीमा पर परेशान कर रहे हैं। कम्यूनिस्ट चीन के दुश्मन हैं या दोस्त यह बात आज चांगकाई शेक भली भाँति समझ रहे हैं। चीन के मुसीबत के दिनों में उन्होंने दुनिया के कुछ लिबरल प्रजातंत्री देशों से मदद पाने की बेवकूफ़ी से भरी हुई उम्मेद की थी। आज उनको वास्तव स्थिति दीख रही है।

चन्द दिनों पहले मैडम चांगकाई शेक ने बड़े आश्चर्य से यह कहा था कि 'मैं यह बात देखकर हैरान हो जाती हूँ कि दिनदहाड़े एक देश को बिना वजह एक दूसरा देश हड़पे जारहा है और दुनियाँ के शक्तिशाली देश सब चुप बैठे हैं।' इस दृष्टिकोण के लोग भूल जाते हैं कि पूँजीवादी सभ्यता का जब संसार में दौरदौरा है

राजकुमार सिन्हा जी को भारत सरकार
द्वारा प्रदान किया गया ताम्रपत्र

जब आशा ने मुझसे कहा कि मेरे पिता श्री राजकुमार सिन्हा और चाचा जी श्री विजय कुमार सिन्हा के विषय में लिखना चाहती है, मैं भावुक हो गई। जिनके बलिदान को कानपुर भूल गया, उन्हें स्मरण करने का प्रयास किया।

मेरे विचार है कि हजारों क्रांति कारियों ने स्वतंत्रता संग्राम में बलिदान दिया। बहुत से गुमनामी में खो गये। मेरे पिता जी और चाचा जी के साथ परिवार ने भी यातना झेली।

पिता जी को कानपुर के ग्रामवासियों की बहुत चिंता थी। वे प्रायः सायकिल से गाँवों की ओर निकल जाते। उनके सुख दुःख में शामिल होते। कितनी गरीब कन्याओं का विवाह करवाया। वे नारी शक्ति का सम्मान करते थे।

मैं आशा सिंह की आभारी हूँ कि उसने मेरे परिवार के लिए सोचा। मैं तहेदिल से बधाई देती हूँ। पुस्तक के प्रकाशन के लिए हार्दिक शुभकामनाएं।

चित्र लेखा घोष (सिन्हा)
सुपुत्री श्री राजकुमार सिन्हा

भगत सिंह ने आगरा के नूरी दरवाजा इलाके के इसी घर में बनाए बम से किया था एसेंबली में हमला।

ढाई रुपए किराए पर लिया था मकान।

इसी कमरे में स्टूडेंट बनकर रहते थे भगत सिंह।

घर में ही बना दी थी बम फैक्ट्री।

आज जर्जर हालत में है मकान की दीवार।

नूरी दरवाजा इलाके में बना शहीद भगत सिंह का

इसी घर के रूम नं. 1784 में भगत सिंह बन बनाते थे। इस मकान का किराया 2.50 रु. था।

आगरा शहीद भगत सिंह पर पहला मुकद्दमा एसेंबली में बम फोड़ने पर दर्ज किया गया था। इसके बाद उन पर ब्रिटिश पुलिस ऑफिसर सांडर्स हत्याकांड का आरोप लगाकर 23 मार्च 1931 को फांसी दे दी गई। करीब 85 साल बाद एक बार फिर से लाहौर कोर्ट में इसी हत्याकांड की सुनवाई शुरू हो रही है।

स्टूडेंट बनकर रहे भगत सिंह

– नवंबर 1928 में भगत सिंह ने साथियों के साथ मिलकर लाला छन्नोमल का मकान नंबर 1784 किराए पर लिया।

– यहां सभी स्डूडेंट्स बनकर रह रहे थे। ताकि किसी को शक न हो। उन्होंने आगरा कॉलेज में एडमिशन भी ले लिया था।

– घर में बम फैक्ट्री लगाई गई, जिसकी टेस्टिंग नालबंद नाला और नूरी दरवाजा के पीछे जंगल में होती थी।

– इतिहासकार राजकिशोर राजे बताते हैं, ताज नगरी के नूरी दरवाजा इलाके में अंग्रेजी हुकूमत को हिलाने की प्लानिंग की गई थी।

बम फोड़ने के बाद किया था सरेंडर

– 8 अप्रैल, 1929 को अंग्रेजों ने सेफ्टी बिल और ट्रेड डिस्प्यूट्स बिल असेंबली मे पेश किया था। ये बहुत ही दमनकारी कानून थे।

– इसके विरोध में भगत सिंह ने असेंबली में बम फोड़ा और 'इंकलाब जिंदाबाद' के नारे लगाए।

– इस काम में बटुकेश्वर दत्त भी भगत सिंह के साथ थे।

– घटना के बाद दोनों ने वहीं सरेंडर भी कर दिया।

- 23 मार्च 1931 में लाहौर के सेंट्रल जेल में भगत सिंह को फांसी दे दी गई और बटुकेश्वर को उम्रकैद की सजा सुनाई गई।
- ढाई रुपए में भगत सिंह को दिया था कमरा।
- सांडर्स मर्डर केस में गवाही के दौरान छन्नों ने ये बात स्वीकारी थी कि उन्होंने भगत सिंह को कमरा दिया था।
- इसके लिए उन्हें ढाई रुपए किराए के तौर पर मिलते थे।
- इलाके में रहने वाले घासी राम और बेनी प्रसाद ने भी कहा था, युवक उनकी दुकान पर दूध पीने और अन्य जरूरी चीजें खरीदने आते थे।
- नूरी दरवाजा इलाके में भगत सिंह का एक मंदिर भी बना है।
- कभी भी गिर सकता है मकान
- जिस मकान में भगत सिंह रुके थे आज उसकी हालत बद से बदतर है।
- सालों से इस बिल्डिंग का ऊपरी तल खाली है। निचले तल पर 12 दुकानें हैं।
- मोबाइल रिचार्ज और पेठे की दुकान आदि होने के कारण यहां पर लोगों का आना–जाना लगा रहता है।
- मकान की छत और ऊपरी तह पर स्थित दीवारों और छज्जों में दरारें साफ दिखती हैं।
- मकान के सामने प्राचीन पेठा दुकान के मालिक राजेश अग्रवाल ने बताया, इतिहास से जुड़े इस मकान को संरक्षित करने की कोई पहल नहीं की गई।